中信出版集团｜北京

图书在版编目（CIP）数据

读懂一本书：樊登读书法/樊登著.--北京：中信出版社，2019.10（2024.4重印）
ISBN 978-7-5217-0943-8

Ⅰ.①读… Ⅱ.①樊… Ⅲ.①读书方法 Ⅳ.①G792

中国版本图书馆CIP数据核字（2019）第181260号

读懂一本书——樊登读书法
著　者：樊登
出版发行：中信出版集团股份有限公司
　　　　（北京市朝阳区东三环北路27号嘉铭中心 邮编 100020）
承 印 者：北京联兴盛业印刷股份有限公司

开　本：880mm×1230mm　1/32　　印　张：7.125　　字　数：115千字
版　次：2019年10月第1版　　　　印　次：2024年4月第13次印刷
书　号：ISBN 978-7-5217-0943-8
定　价：59.00元

版权所有·侵权必究
如有印刷、装订问题，本公司负责调换。
服务热线：400-600-8099
投稿邮箱：author@citicpub.com

目 录

引言　我是一个用读书改变自己生活的人 / VII

01 会读书，更要会讲书

复杂时代，阅读是大众反脆弱的武器	004
你焦虑吗？如何从"单向度的人"	
变为"多向度的人"	007
讲书是最高效的沉浸式学习方法	010

02 工科男的讲书之路

辩论队培养我正确发声和控场	025
培养幽默感，吸引眼球	030
第一次实战：三本书撑起一门课	034
刻意练习 = 时间 × 积累	037
学会讲书，为知识松绑	042
讲书的五种必备能力	045
对待讲书，要有"将然"的心	055

03 一年只选 52 本书，标准是什么？

对于读书的五大误解	063
选书原则	068
TIPS 原则	068
科学性是选书的第一标准	070
具有建设性的好书值得你读	078
每本好书都自带使命	082

04 如何读懂一本书

理解力的池子有多大，就能够读懂多难的书	093
知识的自我反刍	104

05 把书读薄：如何解构一本书

阅读前需要摒弃的坏习惯	109
带着目的阅读 vs 自由阅读	111
开宗明义：这本书解决了什么问题？	113
熟悉书的写作背景	116
最有价值的部分：书中提供了哪些解决方案？	117
画龙点睛，一句话总结价值升华	118
图书画线有学问：什么才是精华？	122

06 内容的再创作：如何组织一个讲稿

讲书前要了解的两大原则　　　　　　　　135
原文和再创作的比例及尺度　　　　　　　139
讲书最重要的步骤是构建坡道　　　　　　142
选取重要章节，陈述整体结构　　　　　　147
要不要写讲稿或书摘？　　　　　　　　　150

07 开口讲书，还需要做这些准备

复盘思维导图，重新熟悉内容　　　　　　155
调整心态，讲书不为取悦听众　　　　　　156
聪明地和听众互动　　　　　　　　　　　158
对方比你认知水平高，你该如何讲书？　　160
如何提高语言组织能力　　　　　　　　　161
不断地拓展认知的边界　　　　　　　　　162

08 学会绘制思维导图，掌握知识输出方法

"樊登读书"思维导图绘制法　　　　　　168
经典私家思维导图大公开　　　　　　　　171

后记　给未来讲书人的一封信 / 213

我是一个用读书
改变自己生活的人　引言

书是绝大部分问题的出口

我小时候很不喜欢读书，曾经认为"读书很苦"。

我父亲是一位数学教授，受他影响，我很少能读到与数理化无关的书。有段时间，我把读书和考试视为生命中最大的"敌人"。

2001年，我在西安交通大学完成硕士学业后，进入中央电视台《实话实说》节目组。刚开始工作量不大，我总担心节目的未来。加上那段时间在生活上受房贷压力困扰，我整天焦虑惶惑，无所适从。

没办法改变外在环境，那就只能努力改变自己。我心想，读书也许会改变我的未来。抱着试一试的心态，我拿起了《论语》。

"君子谋道不谋食。耕也，馁在其中矣。学也，禄在其中矣。君子忧道不忧贫。"(《论语·卫灵公》)书中的这几句话让我豁然开朗，压力瞬间得到了纾解。读完《论语》，我的心态平稳了，不再忧虑，而是想着努力去提升自己的能力，不断完善自己。我从未想过《论语》是天下最厉害的"治愈书"。

实际上，那些让你苦思冥想的问题——关于爱情、升职加薪、创业，大部分人都经历过。而且这些问题中的大部分都已经被人解决，写成了书。可以说，书是绝大部分问题的出口。所以，如果你正感到迷茫或焦虑，不妨开始读书。

大量阅读，答案自现。

读书给了我为生活"增量"的勇气

后来，我以客串嘉宾的身份给企业家讲课，运用自己积累的主持技巧，使讲台下原本昏昏欲睡的企业家们兴致盎然。于是渐渐开始有高校邀请我给 EMBA（高级管理人员工商管理硕士）班讲课。很多学生在课堂上听得津津有味，下课时还意犹未尽，让我推荐书单。我每次都非常认真地列出书单，他们会很仔细地记录下来。

但奇怪的是，事后在我追问他们是否看过我推荐的书时，很多学生都说"买了"，就没了下文。这让我明白，光列书单不行，得把书的精华提炼出来分享给大家，可这样做的结果依然是有人不愿意看。

直到微信群盛行，我尝试了一次微信群直播讲书，没想到这种方式深受学生喜爱。这次意外的收获，使我深受触动——原来大家喜欢这种把书"讲"出来的学习方式，这能够极大地提高学习效率。

于是我干脆把课堂搬到互联网上。让没有时间和能力读出精髓、读出味道的人，也能走进书香世界，体会到读书的乐趣，获得真正的改变。2013年，樊登读书会[①]就这样成立了。

在此之前，我压根儿没有经商的经历，创办"樊登读书"时，我所有的方法几乎都是照搬硬套，就是书上怎么写我就怎么做，我甚至要求员工有什么想法和改变都要告诉我这是哪本书上讲的。我当时的想法特别简单：书上讲的未必全对，但总比自己想的强。

---

① 樊登读书会现已正式更名为"樊登读书"，以下均称"樊登读书"。——编者注

读书给了我为生活"增量"的勇气。别看我敢做"樊登读书",我以前可是连PPT(演示文稿)都做不好的人,我最高的IT(互联网技术)能力,就是发电子邮件。

　　但我还是去做了。

　　读书会让一个人充满力量和使命感。你想为这个社会解决什么问题,这才是做一件事时最重要的出发点,而不是说你会什么。即便你什么都不会,只要想解决问题,就努力去学,去读书,你就都能够学会。

阅读"不舒服",练就强悍的自学能力

　　现在,"每年一起读50本书"已成为"樊登读书"的口号。我经常和朋友说:"别人家的书论本,我们家的论捆。"从浩瀚书海中找出值得分享的书,我一直乐在其中。

　　21世纪,人们对于阅读、知识的需求越来越高。但问题是很多人没时间读书,或者读书效率很低。"樊登读书"一方面是把我们读过的书讲给大家听;另一方面是在解决国人身心安顿的问题,事业、家庭、心理这三个方面是我们共同面临的考验,我希望通过读书会这种模式,帮助更

多人养成阅读习惯，通过有效的知识传播来提升国人的生活幸福感。

社会已经进入指数级增长时代，一个人在学校学的知识往往无法与社会很好地衔接。如果一个人没有自学能力，不能快速地通过阅读提升自己的知识水平与能力，他很快就会被社会淘汰。

直至今日，我仍然信奉"不舒服"的读书原则，一本书读得太舒服了，反而容易故步自封。所以遇到不懂的问题我就买书来看，看不进去也要坚持。我是一个非常相信书的人，通过读书解惑，我看到了知识的力量，感受到了知识对生活的影响。

读书能改变生活。现在回想起来，我从不爱读书到痴迷读书，再成长为一名讲书人，这个转变历程是我人生中的一笔很重要的财富。

在我心中，读书是一辈子的事。我始终坚信，无论生活中遇到什么样的困难与挫折，总有一本书能指引我砥砺前行。

同时，我也希望越来越多的年轻人加入读书人的队伍。读书不一定能使我们成为影响世界的伟人，但可以让我们成为更好的自己。

读懂一本书——樊登读书法

01

**会读书，
更要会讲书**

这几年在做"樊登读书"的推广，陪伴上千万会员一起读书的过程中，我们经常会在后台收到这样的评论：

听完樊登老师讲书，你会迸发出很多灵感，产生一些奇思妙想。

听樊登老师讲一本书，听过几遍之后我发现，每听一遍，都有不一样的感悟。

"樊登读书"提供了一个很好的内容解读平台，遇到我感兴趣的领域，我可以把纸质书买来读。

永远不要对一个你没有了解过的事物说"不"。如果轻易拒绝，不经意间，说不定你已经错过了一个宝藏。

"樊登读书"一直认为，向别人讲书的本质并不在于你花了多长时间，也不在于你有多好的包装，而在于你有没有给他人带来改变。听书不是一个新行业，也不是知识付费的新行业，而是教育方式的改革，是学习习惯的改变。教育和商业的最大区别在于，商业的本质是迎合，而教育的本质是改变。

我希望通过引导与推荐，让大量的人学习到自己需要的知识，也希望通过自主读书、讲书，让越来越多有用的知识进入大家的视野。

所以我为这本书想了一个口号，叫作"为世界而教"。

复杂时代，阅读是大众反脆弱的武器

一次，我遇到一个在北京长大的叙利亚人，他的普通话说得很好。他跑来跟我说，我这个方法特别适合介绍到他们国家去。我就问，为什么呢？他说，他们国家为什么有战乱，为什么有那么多的恐怖组织或者不安定因素，一个非常重要的原因是阅读量不足。经过统计，叙利亚人均年阅读量只有 5 页——只翻了 5 页也算？他说叙利亚的国民平均阅读量就这么多。

据他所说，大量的叙利亚人是完全不读书的。从出生到去世，他们获得知识的渠道就是别人的讲述，比如传说、故事，世世代代的人就靠身边人的言传身教认识世界。所以叙利亚人没有建立基础的科学观和批判性思维，更不知道世界是多元化的。他们似乎缺乏换位思考的能力，以及从多角度看待世界的眼光。

听完他的话，我就开始认真思考，阅读在很多地方是一种"奢侈行为"，是属于少数人的习惯。读书本身很重要，如果在不适合读书的场景下，讲书可以变成新型的学习方法和教育方法，那么讲书值得被推广到全世界，让更多没有办法快速普及教育的地方的人，利用讲书的方式获得知识并传播知识。

我讲过一本书叫作《反脆弱》，这本书的作者写了一件特别有意思的事。他说，现在的教育大部分都是无效的，无效的原因是"哈佛苏联模式"。为什么叫"哈佛苏联模式"？就是哈佛大学的教授们以为是自己把学生教育成了精英。

实际上真不是，这些人本来就是精英。

他们一起到了哈佛大学，又认识了一些新朋友，然后自己不断钻研，"泡"图书馆，慢慢地就成了社会精英。哈佛大学教的东西叫作"教小鸟飞"。小鸟迟早是会飞的，哈佛大学把小鸟飞的过程解构成第一步、第二步、第三步。好了，你现在按照我这个来，结果小鸟在哈佛大学"学会"飞了。基本上，现在大环境下的教育方式都是教小鸟飞式的。

我看了牛顿的传记，看了爱因斯坦的传记，我发现，这些人在大学里基本上没学什么。爱因斯坦进大学之前，已经差不多学完物理学了。牛顿在剑桥大学没待几天，就遇上伦敦的大瘟疫，然后躲回家里，可以说没怎么上学。他所有的知识储备都是自己读书得来的，他到处搜集各种类型的书，慢慢阅读，逐渐成了大师。

我在回忆我的教育经历时发现，大学是煎熬的。有些课是必修，但我实在是不想学，却又必须通过考试，因为挂科很丢人，又是罚款，又是重修的。现在想想，我在大学里学的知识基本上被我忘光了。

但是在大学里真正能够给你带来帮助的东西，是你读的那些书，那些你自己去图书馆借来的书，它们是能够浸润到你的身体当中的。

这也是为什么我坚信教授讲书的方法是有意义的，这套方法可以有效地改善每个人的知识结构和学习方法。讲书是 21 世纪快速获取知识的有效工具，同时它可以让更多的人变成自我发声的平台，影响身边的人，学到更有用的知识。

你焦虑吗？如何从"单向度的人"变为"多向度的人"

随着科技的进步，社会的极速变革，在现有的生活压力下，现代人变得越来越焦虑。压力来自哪儿？情感、金钱、房、车、学历、尊严、梦想、存在感……这些都是。但核心的焦虑来自未来的不确定性，个人缺乏对抗脆弱的能力。

你能否在职场中做出一番事业，靠的是反脆弱的能力。

大多数人喜欢消除不确定性，希望能进入一家大公司。其实，在大公司和事业单位、政府部门工作的人，脆弱性最强。如果我们整天想的都是用"短平快"的方式，让自己变得更加符合别人的期望，那么你的脆弱性将会变得越来越强。

塔勒布在《反脆弱》一书里强调：读书是大众反脆弱的方式。

因为阅读有两个特点：
- 主动性。
- 针对性。

第一，读书是主动的学习方式

原因很简单，一般人很少随随便便就找本书去读，你所读的一定是你需要的。比如，你觉得自己对哪些问题不明白，去找本书来看，这就是最有效的学习方法。

反观爱因斯坦的成长，他是一位典型的科学家，但是他的成长是源于自己的兴趣。再去看伽利略、哥白尼、开普勒这些人，没有人教他们，没有人给他们一个系统，让他们按照这个系统去做。他们的共同点是想尽一切办法，到处去找一本本好书，弥补自己的知识缺口，填充自己认知框架中欠缺的部分。

■ 第二，读书是有针对性的学习方式

读书所带来的收获是个性化的，能恰到好处地解决具体问题。就像莎士比亚所说的，"有一千个读者，就有一千个哈姆雷特"。一本书在每个人的生活中产生的效果是不同的。同样一本书，有的人看重的是这一部分，有的人看重的是那一部分，它带来的启发、安慰或思维升级都可能完全不同。

阅读可以让我们从"单向度的人"变成"多向度的人"。"多向度的人"的思维体系里有三大支柱：

- 第一个是事实。在科学语言里只有事实，只有每个人能看到的事实，每个人通过实验测试得到了数据才可以进行分析、做决策。
- 第二个是逻辑。事实之间的逻辑关系是什么？什么样的分析能够让你感受到这是一个因果关系？这些知识应该是从小开始渗透的，但大多数人掌握得并不好。
- 第三个是批判性思维。要对所有的事实和结论保持怀疑态度，问清事实和结论的真实性。从事实到审辩式思维的循环，是在思维科学体系中不断训练的思维方式。

"多向度的人"同时拥有创造美好生活的理性能力与享受美好生活的感性能力。理性能力并不是学好数理化的知识，而是通过阅读，将知识组成思维体系，再转化为能力——用科学的思维方式处理生活中一切问题的能力。

讲书是最高效的沉浸式学习方法

■ 沉浸式学习 vs 观光式学习

我们首先得知道什么叫沉浸式学习。沉浸式学习跟观光式学习是对应的。拿旅游举个例子，就特别容易理解。

假如我们到上海旅游，观光式旅游是什么呢？就是你跟着一个旅行团：

第一天，东方明珠。
第二天，城隍庙。
第三天，野生动物园。
第四天，回家。

这时候你会发现，整个旅程结束了以后，你甚至都不知道上海风貌到底是什么。与之相对，沉浸式旅游的特点是你在上海的一个朋友家里住下来，待上两个月：

> 每天早上起来去看看上海大妈们怎么跳舞。
> 他们早餐吃什么，然后你变着花样地把早餐都吃遍。
> 上海人怎么跟别人在路边吵架。
> 为什么最近上海的垃圾分类搞得这么火热。

你沉浸在上海这座城市里，田子坊、新天地……各种地方你都跑过。你了解了上海当地人的生活，相信你对上海的感觉会和观光客有天壤之别。

在这个焦虑的时代，有大量的老师和家长把孩子的学习变成了观光式的学习，它的特点是"打卡"。

这一章学会了没有？考试检验。下一章学会了没有？考试检验。表面看起来，每章都学会了，但是这样"学会"的结果可能是"学得快，忘得快"。

我上大学的时候学的那些电工学、电路、C语言，你说我学了吗？全学了，我C语言考90多分。但你现在让我写一个程序，我就一点儿都写不出来，压根儿就不会。

"樊登读书"的CTO（首席技术官）田君琦是同济大学计算机系毕业的，他学C语言的方法跟我们完全不一样。他的老师从来没有讲过一次课，上来就是让学生们先去写一个程序，完全自学。自学写程序，编一个射击飞机的小游戏，之后，游戏的难度变得越来越大，后来他们这帮人全都成了很棒的程序员。

而我学C语言的方法跟学历史的方法差不多，就是把所有的地方全背过，填空别填错，问答题背答案。到最后的结果就只是打了个卡，但是根本不会写程序。这就是沉浸式学习和观光式学习的本质区别。

■ 沉浸式学习对思维成长的重要意义

- 沉浸式学习能帮助我们成为事件的"主人公"，不断体会和探索。

我们的人生其实也分为沉浸式和观光式。很多人把这一辈子过成了观光式的，一路上了大学，工作，谈恋爱，结婚，买房子、装修，接着生孩子，养孩子。你会发现我们永远活在程序之中，没有乐趣，也不喜欢，更没有成为专家。

其实，我在上大学前，和大多数人差不多。但我很幸运，在大学辩论队体会到了沉浸式学习的好处。很有意思的是，学校根本没有一门课告诉我们"如何成为一个好辩手"。假如有这么一门课，有三个学分，所有人都报名学习，我相信培养不出多少好辩手。

培养出好辩手的方法就是有这么一个比赛，你来不来吧？你要来这儿比赛，好，想想怎么赢。这时候你根本不需要教练和老师天天督促你，跟你说你该读书了，你该记笔记了，等等，这些都不需要。你反而会特别勤奋，每天沉浸在那个比赛当中，不断地研究怎么能够把这个事做得更好，怎么能够准备更多的素材，甚至激发出内心的潜能。

当时我们想取得更大的进步，于是一群大学生就热血沸腾地去请知名教授来给我们做讲座。因为没钱，便硬觍着脸请人家免费来讲。

教授好不容易来了，讲得很精彩，说了一些书的名字。我们也没听说过，怎么办？赶紧去查，查了以后去图书馆借回来就赶紧看，用"如饥似渴"来形容一点也不为过。因为我们沉浸在这个过程中，我们想要去争取，想要赢得比赛。

- 沉浸式学习往往是目标导向的。

印度人曾经做过一个测试。测试人员在一个贫民窟里安装了一台电脑，嵌在墙里边，只露出了键盘、鼠标和屏幕。没有人给贫民窟的人讲授任何关于电脑的知识。

过了两周，大家发现贫民窟里的小孩几乎都学会了玩电脑、打游戏，扫雷、扑克牌全学会了。

小孩子喜欢玩游戏，他们就愿意花时间在这上面。他们学习使用电脑，这个过程是非常快乐的，能让他们在精神上得到满足，激发他们探索未知的兴趣，这才是真正的、有明确目的的学习。

在工业标准化的时代，大学设置了好多专业，输出的人多数只是为了好就业，找个好工作。我上大学的时候，为了学打字还交了98块钱学费。这种学打字的行为，并不是以目的为导向的，而是为了学而学——"打卡"，所以过程很痛苦。人家印度的小孩在贫民窟里自己就学会了，这就是沉浸式学习的魅力所在。

■ 讲书是强沉浸式学习，能锻炼一个人的主人翁意识

很多书友跟我反映说，这本书我读了，为什么没觉得有你讲的那么好呢？你换个角度想，如果你不是听众或者普通读者，你现在就得把这本书讲给你的家人听，讲给你

的邻居听,讲给同事们听,你是不是就得努力找出这本书的意义呢?

每本书都自带使命,那这本书的意义到底在哪儿呢?如果我们没有主人翁意识,都希望别人告诉自己书的意义在哪儿,那么很有可能别人告诉你了,你还是不相信或者挑剔。

当一个人把自己的学习和成长当作别人的责任的时候,你会发现他成长得非常慢,他永远在怀疑,永远在排斥,永远在挑剔。他甚至希望你把一本书浓缩成一页纸,再之后一页纸也不行,只接收最关键的三句话……这个人一定会在学习上越来越懒惰,最终停止学习和成长。

为什么说讲书是强沉浸式学习呢?

当你成为老师,成为那个向别人传播知识的人,你会发现,讲书是一种强沉浸式的学习方法,它会让你进入"心流"状态。没有意义,自己找;没有脉络,自己找。你会主动在书的字里行间寻找脉络和意义,然后把它梳理出来,再加上准备的过程当中你的专注力比平时高,这一系列的行为会极度且长久地锻炼思维逻辑。

我印象特别深的是,看完一本书的时候我记不住什么,但每次我绘制完一本书的思维导图,并且在录制的时候讲一遍之后,这本书 80% 的内容就都被我记住了,而且很难忘掉。

在这个过程中你会很累，感觉很费劲，但这时候大脑经过了多次的运算和激活，就是《认知天性》那本书里所说的"摩擦"，有了足够多的摩擦，你的大脑受到了足够多的挑战，你才更容易记住那些内容。

■ 以讲书为目的的深度学习

我在准备一本书的时候，大脑始终处于兴奋状态。但准备时间绝对不会超过一天。今天想起来看几页画一句，然后去吃饭，吃完饭回来再看看，画几句话出来——我绝不会这样看书。这时候我们会发现，贯通感、连续性和兴趣点都没有了。我读书的习惯是，从头到尾读下去，不记笔记，也不查资料，甚至有不认识的字也不去管它，看完后过几天再回忆。这时候大脑是警觉的，处在高度兴奋当中。这就是二次学习的过程，这个过程是非常紧张的，而且是不容逃避的。在读书的时候要尽量保持阅读的流畅性和快感。

例如，前段时间我看了一本书叫作《未来战争》。这本书很有意思，讲未来的战争是什么样的。但是我觉得它不能用来讲书，因为这跟大部分人没什么关系，所以我决定不讲这本书,但我还是很有兴趣地把它读完了。"普通"的阅读过程是放松的,这个过程一点也不累,怎么看都行,躺着看、趴着看、在飞机上看,都可以。

当我真的去准备讲一本书,或者以讲书为目的提示自己的时候,我就需要让自己集中注意力。我会把自己封闭在一间书房里,手机扔到其他房间,不让手机打扰我,并开始想:

- 架构是什么?
- 开篇先说什么?
- 这里边最动人的故事是哪个?
- 最有价值的点在哪儿?

我大脑中寻找价值的雷达一直开着,一直在这本书中不断搜寻。如果我遗漏掉了书中几个关键信息,那就是很大的遗憾。为什么我在准备一本书的时候很少有重大的遗漏?因为我是一页页翻过去的。因为我看过一遍了,所以可以很快地翻过去,看看书中最有价值的那个点在哪儿,记下来。

■ 讲书带来的长期影响

我特别想告诉大家讲书给大脑带来的长期影响,这个过程是潜移默化的，也是我自己感受很深的一点。比如在我看来，《复杂》《反脆弱》《你就是孩子最好的玩具》《赋能》《高绩效教练》是"同一本书"。

读者一定很奇怪，光从书名看，这几本书就千差万别，一个是复杂科学，一个是哲学探索，一个是儿童教育，一个是企业管理，一个是绩效教练，你怎么说它们是"同一本书"呢？

其实，在我看来，它们的结构和知识逻辑都是相同的。通过累积阅读和无数次绘制思维导图的洗礼，我的大脑建立起来了足够多的交叉和神经元连接。

我现在明显感觉自己了解的事比过去多了很多。我站在讲台上经常要讲三个小时，以前都要提前准备好，一条条地列出来，再演练。现在基本不需要准备，脑海里似乎有讲不完的知识。遇到任何主题我都可以调动知识库里的内容，把它们串联起来，形成完整的逻辑闭环。我可以非常快地把这些知识归纳出第一点、第二点、第三点，条理清晰地围绕主题来论证它。

如果你现在还没有找到更好的学习方式，我强烈建议你开始讲书。不一定要挣钱，你可以给家人和朋友讲，甚至看完一本书以后绘制一张思维导图，给自己讲，让知识和学习形成一个循环。

你会发现自己在讲书的过程中需要旁征博引，而这种引证来自你现在的知识库。不断地积累和练习，会让你的知识库越来越丰富，而且所有的知识连接都会逐渐建立起来，而这种连接数的指数级增长，会令你的大脑更强健。

这个学习过程在一开始会非常艰难，我也不例外。我一直坚信，每个人的大脑其实差不多，每个人大脑的容量、活跃度、营养程度的差别几乎可以忽略不计。

《刻意练习》一书里提过一个原则——这个世界上的事只要有一个人能做到，其他人就都能做到。我采访过《最强大脑》节目的冠军，我问他，他的记忆力是不是天生的，他说不是，有些病症会使一个人记忆力变异，那是天生的，而像他这种是练出来的。

讲书的最大好处是，在这个过程中，你不得不去逼迫着自己，让大脑里的神经元联系起来。孔子讲"温故而知新，可以为师矣"。讲书就是当老师，你要当老师靠什么呢？靠的是温故而知新。你光把书上的内容念一遍，不就是复读机吗？

如果你能够温故而知新，你能够从这本书联想到那本书，联想到之前的那个方法，联想到我们实际生活当中的案例，这时候，你就把这本书读活了。在它活跃起来的那一刻，其实是你的大脑神经元建立起连接、整个大脑产生质变的那一刻。

这就是我说的读书所带来的对于我们大脑的好处，而讲书所带来的挑战比读书更大。

小 结

1. 阅读是大众反脆弱的武器。
2. 阅读有两个特点：主动性和针对性。
3. 阅读使我们从"单向度的人"变为"多向度的人"。
4. "多向度的人"思维体系的三大支柱：事实、逻辑、批判性思维。
5. "讲书"是最高效的沉浸式学习方法。

我绝对不是一个天生就特别喜欢读书的人。硕士毕业的时候，我还曾经发过誓，说以后再也不读书了，再也不参加任何形式的考试了。

我从小生活在一个拥有理工科背景的家庭里，爸爸是数学教授。我家的口号就是，学好数理化，走遍天下都不怕。了解了牛顿的经历后，我才明白学数学是一件非常残酷的事。全世界学数学的人，一个世纪下来，成功的人数能有20个就算很大的数量了。所以学数学的这帮人经常说的一句话是，我已经老了，我已经30岁了。看看，30岁就已经老了，就已经一事无成了，没机会在科学研究的路上拼搏了。

我爸爸热爱数学，学了一辈子数学，成了一名普通的数学教授。他看到了学数学这件事的残酷，便让我将来选专业不要选数学，但是他很重视我的理科学习。

那时候，我喜欢偷偷读一些少年文艺、儿童文学类型的书，这在我们家可算"禁书"，只要发现就会被父母没收。我妈还比较温和，我爸没收了直接就扔掉，然后我就只能读课本了。在我看来，课本属于特别单调的阅读文本。上中学后，我跟大家走的路都一样，就是拼命为高考做准备，最后考上了西安交通大学。

我的硕士阶段也在西安交通大学度过。毕业那段时间，我觉得非常烦恼，因为考试考得我头疼，我考完硕士最后一门课的时候，当着全班同学的面把课本扔进了垃圾桶。那一刻起，我感觉自己获得了自由，整天无所事事，每天最喜欢做的事就是看电影，这种状态一直持续到我在中央电视台做节目的时候。

做节目的那段时间，我一周大概花上一天时间工作就够，剩下的时间没什么事做，再加上那个节目又做得不顺利，所以每天很郁闷。在那段时间里，我唯一富足的就是有大把的时间。其他人都在上班，我就每天开着车在北京逛寺庙，开车开到野外，一个人在山顶坐着，悠闲极了。

渐渐地，我觉得有点空虚。那个时候我才想起来，我是不是应该读读书啊？首先选的就是《论语》。为什么我要选《论语》？这要归因于在央视做节目期间受的打击。

那时候，每次开策划会时，郑也夫、杨东平这些大学者说的话我都听不懂，人家张口就引用孔子、老子、孟子的话，都是一字不差地引用原文。而我完全跟不上，所以只能在旁边默默地记下来，写的还都是错别字，因为根据发音，我都不知道他们说的是哪个字。那时我真的是处于特别"无知"的状态。当时我就意识到，自己的底子太差了！

不过俗话说，一切偶然的背后都是必然。我走上了讲书的道路，源于很多人生经历。但更重要的是我对几大关键技能的刻意练习。接下来，我想讲讲我是怎么一步步完善自己的讲书能力的。

辩论队培养我正确发声和控场

讲书就要开口说话，说到这里，不得不提我人生中的重要阶段——加入西安交通大学辩论队。我参加辩论赛一开始出于爱好，后来就变成追逐荣誉感，就是你想获得更高级别的冠军，从学院到学校，再到省里的冠军，甚至当全国的冠军。于是我在辩论队度过了很长时间，也进行了一项非常重要的训练——发声练习。

在参加全国比赛的时候，我经受了一次高强度的刻意练习，可以说是地狱式的训练。每天早上 6 点钟起床，站在操场上先练习发声，就是 me、me、ma、ma 这样发声。后来我们就在操场上读诗，有一天正在那儿读着，一位老太太在操场另一边锻炼身体，隔了几百米的操场，她就站在原地跟我们说，我们发声的方法都不对。她的声音清晰地传到了我们耳朵里，发声方式一听就不一样，于是我们就把她请过来给我们讲课。

原来她是铁路文工团的一位演员，文工团就在离我们大学不远的地方。她退休了，每天都在操场上锻炼身体。发现我们在那儿瞎练后，她说，干脆她教我们，于是她就每天早上过来教我们腹部发声法——每次吸气的时候肚子要鼓起来，然后呼气的时候用腹部的气慢慢地把声音顶出来。用这种方式说话，连续说一个礼拜嗓子也不哑。

后来我就用这种方式来讲书。我当讲师的时候，最长的一次是连讲了18天课，而且是晚上坐飞机到一个城市，早上起来就讲，然后当晚再坐飞机到另外一个城市，第二天早上起来接着讲。有时候航班晚点，半夜两三点钟飞机起飞，我早上起来照样能讲。

　　经历这种节奏，我的嗓子都没哑，真是不可思议。18天，每天讲6个小时都没事。但是你会发现，有的人讲话讲半个小时就声嘶力竭了。主要原因是他不会发声，他的气都在胸部，所以每次一吸气，胸部是鼓起来的，这不对，吸气一定是腹部鼓起来。后来有位练瑜伽的老师教我说，吸气的时候连肋骨都要鼓起来，要吸到肋骨能够挺起来，这次呼吸才是真正有效的。

　　我们每天早上起床，就疯狂地在操场上练习，一边练发声一边背诗，一举两得。吃完早餐回来，上午就是一堂课。我们每天上午都会请一位教授讲课，全陕西各种有名的教授都请来，讲西方哲学史、东方哲学史、美术史、美学史、伦理学史，学习各种各样的知识。

　　我们的教练特别厉害，有一位是"樊登读书"现在的"知识超市"里开课的韩鹏杰老师。韩老师讲哲学史都不用准备，就是往那里一坐，端一杯茶就开始讲。从古代的泰勒斯①一直讲到当代的萨特,引用原文时可以不做任何停顿,全部能记住,非常清楚。所以我听完就震惊了,原来讲课可以这么厉害。

那段时间的训练让我大开眼界,也埋下了一颗日后传播知识的种子。

我记得,在老师讲课之前,我听说过维特根斯坦这个名字,可压根儿不知道这个人做了些什么。听了老师的讲述后,我就觉得这个人太厉害了。这种知识的传递,在一个个年轻人心中种下了种子。我们会觉得,通过听课,了解很多知识,是一件很酷的事。所以每天早上起来我们都会听很多这样的课程,听完课以后可以跟老师讨论,现场提问。

下午就是比赛,我们被分成两组开始辩论。为了增加难度,老师还让我们一对多辩论——一个人对四个人辩论,我经常充当那"一个人"的角色。但这种辩论不是自由辩论。所谓的一对多辩论,是说你作为一辩要先发言,一辩发言完了对方一辩发言,你再作为二辩发言,然后是对方二辩发言……以此类推,以这种模式,一对四就这么一直

---

① 泰勒斯,古希腊时期的思想家、科学家、哲学家,是学界公认的"哲学史第一人"。——编者注

辩论下去，最后你还要作为四辩总结陈词，然后对方四辩发言。

我还发明了一个更"变态"的训练方法，就是自己跟自己辩论。正方说一句，反方说一句，看能坚持多长时间。坚持的时间越长越厉害，因为这要求的逻辑转换的能力是非常高的，所以这段辩论期间的训练对于我们每一个学生来讲都有很大的收获。

除了发声方法，辩论队的训练还锻炼了我的时间掌控力。

我们当时参与辩论的要求是不看表，站起来说话，到三分钟就坐下来。因为电视辩论赛会计时，老师就要训练我们的时间掌控力和说话的节奏感。后来，每次我们站起来说话，说定坐下，时间基本上能控制在两分五十几秒。这都是训练出来的。

到了晚上，我们就会打一场正式的比赛。这些比赛都是有观众的，因为这样可以给选手带来压力，然后每天都会录像。所以，一个暑假的训练，我们每个人都脱胎换骨，语言表达体系和能力有了质的飞跃。

这个训练还起到一个很大的附加作用，就是磨炼了我们的心理素质。有很多人问我，为什么他一站在大家面前讲话，头脑就一片空白，而且口干舌燥。要知道，嘴里边没有唾液就是紧张的表现。我每次讲完课以后，衡量自己讲得好不好的最简单的方法，就是看嗓子疼不疼。嗓子疼一定讲得不好，因为这证明体内分泌的神经递质是不对的。人特别紧张的时候，唾液都不分泌了，嗓子自然会干涩。

在辩论队的那段时间，我们在观众面前打比赛，有胜负，有打分，有观众提问，挑战特别大。一开始非常不适应，但慢慢地，我就习惯了这件事，心理学术语叫作"脱敏"。一旦你脱敏了，你对这事就不会焦虑了，就会坦然很多。所以，对于讲书人来讲，脱敏这一关是必须要过的，没有捷径，只能多讲，对着各种各样的人讲。

以上是第一项我认为最重要的训练，这奠定了我讲书的硬件条件。发声方法和节奏掌控，都是可以练习的。关于发声方法，我练习了一个暑假；关于时间掌控，读者们可以用秒表练习。

培养幽默感，吸引眼球

第二项非常重要的训练发生于我在中央电视台工作的

时候。

2000年，我硕士毕业后参加了一个用50万年薪招聘节目主持人的大赛。我有幸得了冠军，拿到了50万年薪的合同。崔永元老师是评委之一，我和他特别投缘。

但是崔老师跟我说："你挣不了这钱。"（他那时候就洞若观火。）我说："为啥？"他说："你想，跟你一起工作的人的工资都是2 000块钱一个月，你挣50万，全组的钱都被你挣完了，所以大家恨死你，你肯定干不下去。"然后我说："最起码我要试试。万一挣到，50万可是一笔巨款。"那时候10万块钱可以买一套房子，我一年挣下来可以买五套房，于是我就留在了该电视台做节目。

果不其然，我很快就做不下去了。后来崔老师就打电话说："你干脆到中央电视台来吧，我教你怎么做节目。我觉得你需要的是学习，而不是那个钱。"我后来便把工作辞掉，直接到北京，在中央电视台工作。

我到中央电视台以后，受到的最大的训练是颠覆过去说话的方式。我在辩论队说话的方式在当时被所有人嘲笑，每个人见到我都说"对方辩友"。因为在会上只要一发言，我就挑别人毛病，我就说你说的不对。辩论的习惯带来的就是整天用排比句，整天给别人施加压力，觉得谁都不对，完全不知道自己是一个充满负能量的人。

后来崔永元老师就教我，他说："你要学会说人话。"我说："啥叫学会说人话？""好好说话，客气、和蔼一点。别动不动跟人争论，没有那么多好争论的，有那争论的时间就把事干好，这样多好。"

那段时间，我不断地听到来自方方面面的声音，对我帮助最大的就是我彻底忘记了辩论这回事。后来有一次，同事们让我去参加台里的辩论赛，路一鸣当评委。来自不同部门的选手互相辩论，我自认为辩得挺好，最后竟然输了。

路一鸣说我说的不是辩论的语言，实际上，我说话的节奏已经慢下来，已经开始靠近正常聊天的那种感觉。所以在那段时间里，我回到了一个正常说话的状态。因此大家现在看到我平常跟别人说话的样子，不会觉得我是一个辩手出身的人。

我在中央电视台受到的更重要的训练是学会幽默。

有一次，我们做辩论主题的样片。有一位嘉宾急了，就冲着我喊："你们这样做不公平！"两边辩论队也急了，也说主持人不公平。然后我就说："我们挺公平的，你看我们让你发言一次，他发言一次，有什么不公平？"

这就变成了主持人参与的一次"吵架事件"。下来以后，崔永元老师跟我复盘，说："你看，别人指责你不公平。如果是我的话，我就扭头看那个女主持人，我说：'说你呢。'就结束了。大家只要这么一笑，这事儿就化解了。但是你特认真，你还在跟他不断地辩论，你把这个节目带歪了，没有沿节目主题往下走，而且还丧失了风度。"

我突然就觉得自己太幼稚，完全不懂得开玩笑，也不懂得维护一个谈话场的氛围，只是自己一味地说得开心，根本不去管底下的观众听着是什么感觉。后来怎么办呢？我也教大家一个很好用的方法。

那之后，我就每天看各种各样幽默的片子。我在电脑里建立了一个文档，叫作"幽默素材"，然后把所有我听到的好玩的段子记下来。最后大概搜集了几百个笑话。

这其中，有些素材来自综艺节目，有些来自美剧《老友记》，有些来自崔永元的节目，甚至还有相声节目。那时候很红的主持人做的节目我都看，看完以后，我会将自己觉得有趣的笑话记下来。

我当时还尝试着给笑话归类。看看笑话有没有规律，找找一共有多少种"抖包袱"的方法，然后给它们分门别类。这种喜欢搜集笑话的习惯慢慢地培养出了我的幽默感。高级的笑话读多了，好玩的东西读多了，我经常会不知不觉地跟别人开玩笑。

当然，幽默感也要有度，有分寸。有的时候是自嘲，有的时候是善意的讽刺，但是如果把握不好这个度，对方也会急眼。这一点就要靠不断地积累和尝试，掌握好规律和场合，恰如其分地应用。

第一次实战：三本书撑起一门课

后来为了谋生，我开始讲课。北大的一个老师说："你既然是中央电视台的主持人，你来给我们讲一门课吧。"我那时候主打的课程是公共关系。因为中央电视台那时候是导致企业出现公共关系危机的主要单位,企业一旦被央视曝光,就会完蛋。所以大家一听说中央电视台的人来讲危机公关,就觉得特别好。

我为了准备这个课程去买了三本关于危机公关的书。看完这三本书后,我脑子里便出现了一个危机公关的课程大纲。于是我就将那三本书的内容综合在一块儿,写了一个长长的PPT,就形成了一个危机公关的课程。

这个课程我至少讲了十年。每讲一次能挣5 000~10 000块钱。而我买三本书一共才花了一百多块钱。投入产出比真的太高了。形成了体系化的内容后,我就可以把那几本书的内容反复地讲。大学里很多老师到现在还是讲20年前的案例,基本都是这几本书里的内容。他们就是看完这几本书以后,将其变成自己的课程继续讲。

这让我意识到,原来书可以衍生出非常高的价值。后来出现的知识付费,原来早在很多年前我就开始尝试了。这也是后来我创办"樊登读书"的信心源泉,因为知识是硬通货，放在哪个时代，都是高保值的东西。

在北大讲完危机公关的课，我接着就开始讲领导力的课和压力管理的课。我讲的压力管理的课最有趣，起因是有一位老师找我说江湖救急，一所著名大学找人讲压力管理的课，但没有老师可以讲。我说我也不会，没学过怎么讲呢？他说："你看本书就行了，我们相信你。"因为他们觉得我学东西快。我问他们给我多少钱。他说一天12 000块钱。那个时候，我一天的课酬不到10 000块钱，他们给我一天12 000块钱，我认为值得为此买本书，这个钱是应该花的。于是我就去买了三本与压力管理有关的书。

看完这几本书以后，我写了一个两天课程的课件。一个我从来没有讲过的话题，我要上讲台连着讲两天，12个小时，而且底下坐满了银行的高管。但是我一点都不忐忑。讲完以后，那个学校的负责人跟我反馈说，我是他们有史以来评分最高的老师，得了将近一百分，学员满意度极高。

关于类似的讲课和讲座，我需要不断地创造一些价值出来，才能真正惠及他人，让他人满意。之前在电视台的时候，我不需要为价值负责，只需要为收视率负责。那时候，我们思考问题的角度都是来自收视率，是如何让更多的人看，而不是这件事情本身价值大不大。在大学讲课这件事，需要追求的则是讲课内容本身有没有意义，人们愿意买单吗？有人想要花钱听你讲课吗？它是有价值属性要求的。

所以在这个过程当中，人们就能够快速地去归纳和总结价值。为什么我从一本书里能够迅速地提炼出很多有价值的东西？因为我知道这东西能卖钱，这些东西就是值钱的东西，别人听了会感动、受到启发，或者觉得耳目一新，是之前完全没有听过的。我对什么内容能产生价值这件事很敏感。

上面提到的三段经历，总结起来就是，辩论的训练是规范发声体系和控场能力；电视台的训练是增加幽默感和趣味性，你想吸引眼球，得有趣味，得好玩儿；校园讲课则是提升内容提炼和价值挖掘的能力。所以我很感激这三段经历对我的重要影响。

刻意练习＝时间 X 积累

对我来说，最重要的训练是做了读书会以后，我每周必须讲一本书给大家听，这个压力是很大的。

我早期讲《大汗之国》这样的书，讲得非常吃力。对历史类的书，我心里是没底的。那时我想的是，我已经讲了这么长时间的致用类的书，试着讲一本《大汗之国》这样的故事书行不行？尝试一下。

最后讲得口干舌燥。虽然到现在还是有很多人愿意听，觉得我讲得还不错。但我知道，关于那本书，我讲得并不自如，并不舒服，并不好。

把《大汗之国》和我后边讲《列奥纳多·达·芬奇传》放在一块儿比较，就能感觉到我讲书的状态是完全不一样的。讲《列奥纳多·达·芬奇传》时，我是完全投入、享受的，进入了"心流"状态。

在我每周需要讲一本书以后，我逐渐感觉到脑海当中所积累的东西变得越来越多。我最近在看《机械宇宙》。光看名字，会以为这是一本科幻小说，其实不是。它讲的是牛顿的科学发现之旅，讲的是牛顿和皇家学会的那一段历史。

如果让普通人看这本书，一定会非常痛苦。为什么呢？它首先要跟你讲宇宙的运行轨道是怎么回事，然后从亚里士多德讲到哥白尼，到第谷，再到第谷的学生开普勒。

把这些搞明白以后，再去给你讲中世纪到底拥有什么样的社会文化，什么样的风气，讲其残忍的生存状态，每个人都生活得很愚昧，等等。

所以读者会觉得读每一段都很新鲜，但也很累。不过，你知道我读这本书是什么感觉吗？我一读他讲中世纪背景的时候，我就认为这个作者应该读一读《人性中的善良天使》。如果他读过《人性中的善良天使》，他会写得更精彩。因为那本书用了上下两册的篇幅，把这段历史讲得非常精彩。我看过那本书，所以在看这本书时，就只需要看有没有不一样，有没有创新的。当他讲开普勒、第谷这些人的时候，我就想，读者应该先读一下《世界观》。《世界观》那本书讲的就是这些事儿，而且时间线非常清晰。

如今，在大家看来，我在读一本在别人看来很艰深的书的时候，仿佛很轻松，跟读小说似的，两天就能读完。不是因为我天生如此，或者智商超群，而是因为脑子里装了很多背景知识以后，再去吸收新的东西的时候，我会觉得很简单。我此刻唯一需要做的就是看看有没有差异，看看这本书有什么创新的观点。

因此我能更快地找到一本书的价值。比如《机械宇宙》，它特别有价值的部分就是讲牛顿的部分，因为我讲过了爱因斯坦,讲过了《世界观》,讲过了《人性中的善良天使》,但没有讲过牛顿,所以我把这本书当作"牛顿传"来看。将来给大家讲这本书,大家会知道牛顿是怎么成为一位"大神"的,这是一个很有意思的视角。

如果想要训练自己的讲书能力,我建议大家先对自己做出一个承诺,比如每周给身边的人讲一本书,给亲戚、朋友或者闺蜜讲都可以。大家聚在一起别总想着玩儿,别总打麻将,我们每周讲一本书吧。一开始,你可能是在逼迫自己做这样的准备,但未来你会发现,自己才是最大的受益者。

经受一次次"折磨",你脑海当中的神经元连接就会不断增加,对此我个人的感觉非常明显。我之前并没有现在这么能说,也没能像现在这样什么事都能说出个门道。但现在,比如,你告诉我中世纪黑死病的情况,我知道点;你告诉我古希腊有哪些哲学家,有哪些流派,我知道点,最起码听过;生物学的发展过程,我知道点;基因科学怎么来的,我知道点;果蝇实验做了多少次,在哪个实验室做的,我都了解一些。

我现在跟其他人聊天的时候,很少遇到对方说一件事而我完全蒙的状态。如果真遇到不懂的情况,我反而会特别兴奋，马上找本书来看。一找到书，看完，就知道了。

所以大家千万不要着急，或者想走捷径，一定不能小看累积的过程。一个人读书绝对不是一下子读得很快，我也不是，我花了很多年才有了今天的一点点积累，更何况有些书我到现在都还不太敢讲呢。

脑海当中积攒的东西越多，你就越能够把它们联系起来。你会发现，它们会自发地联系起来，你会知道东方人是怎么想的，西方人是怎么想的，它们之间有什么共同点和不同点。然后你看每一本新书的时候，就会觉得很轻松。

太阳底下没有新鲜事，所有你为之感叹、为之兴奋的主题，一定只是前人主题的重复和迭代。我最早在看这种科学史类的书的时候，非常激动，比如看《世界观》这样的书，会有心潮澎湃的感觉。等后来再读《机械宇宙》的时候，我就发现其主题非常明确，就是人类的进步，如何用知识打败蒙昧。我也不会为当年牛顿竟然是这么一个人而惊叹，因为我已经知道这件事了。这样的好处是，你在阅读新书时付出的精力会极度缩减，能快速地击破一本本困难的书。

学会讲书，为知识松绑

阅读是一件需要毅力的事。因为阅读不仅需要你花费不少金钱去买书，而且，最重要的是你还需要花费大量的精力和时间去读书，成效还有可能不明显。

绝大部分人是拥有学习、进步、阅读的欲望的，但是最后往往坚持不下来。这是为什么呢，因为阅读是一个辛苦活儿，它特别需要阅读者做深度思考。对于很多人来说，教育环境使然，思考成了一件稀缺品，再加上需要坚持，成为习惯，阅读就更是难上加难。

一方面，浅尝辄止的阅读没有乐趣；另一方面，知识得不到有效的转化，难见成效。

阅读的时候，我们画线也好，做笔记也罢，过不了多久，你可能就忘记了大部分的内容，好像记忆没有被储存一样，或者被自动清除了。也就是说，你完全没有将这种记忆储存在你的大脑中。

在传统的表面阅读之下，读者看似学到了很多东西，但并没有真正掌握它。那么，有多少知识得到了转化呢？很少。所以有人说自己读过很多书，掌握了快速阅读的方法，实际上，它是现代人"偷懒"的一种途径，它不能解决你阅读的根本诉求。

正常的阅读,你需要用眼睛看文本,大脑需要解读文中的信息,然后大脑需要对视觉信号进行识别,识别后解码,解码后传输到神经元,通过神经元储存起来,要用的时候再把它拿出来。

正常人的阅读能力为每分钟500~700字,超出这个范围,大脑没有能力处理,记忆就会出现问题。

而用嘴讲一分钟话,其信息量可以达到传统阅读的3~5倍,也就是说可以传递2 000~4 000个字的信息量。其关键就在于大脑在讲书的过程中除了会识别、解码,还会过滤、记忆、翻译、提取信息。

■ 真正的读书学习,是要走出阅读的舒适区

讲解并分享一本书的过程要经历三个环节,第一是筛选,第二是过滤,第三是选择。这就要求我们在阅读的过程中,时刻问自己三个问题:

- 第一,我能不能准确地把握这本书真正的含义,理解这本书?
- 第二,我能不能用自己的语言表达出这本书真正的

含义，且表达清楚？我的信息效度和信度如何？

- 第三，我表达出来的内容能不能让没有读过这本书的人无障碍地理解？我的语言风格是否通俗易懂，能否被二次传播？

这三个问题是每个读书人在读每本书的时候都要铭记于心的。而在讲书的过程中，这已经变成我的"肌肉记忆"了。所以每读一本书，我都是带着问题去读的，读完要先回答自己，把自己说服了，我才会讲给更多的人听。这种类型的输出，每一次都意味着从被动阅读变成了主动阅读。

大概集中地读了一百本书以后，我能明显地感觉到自己读书的速度越来越快，越来越轻松，而且很容易抓住重点。这说明久而久之的训练给我带来了极大的好处。

选择、筛选、解读、思考和验证，这些中间环节，除了自己，别人没有办法代替你。通过讲书的一套方法，经过自己的处理，将所有高深莫测的句子转换成自己的语言，再讲出来。这个过程是很"磨人"的，时常会让人感到大脑很累，很不舒服。

但读书就是要真正理解其内容，把书本里的东西变成自己的。有些工夫不得不花。

我认为我现在做的"樊登读书",和读者想要学习的这套讲书方法,其核心意义都在于为知识松绑。知识和钱不一样。比如,我手里有一笔钱,我如果把这笔钱给了你,那我就没了。所以钱基本上是零和状态,要么你有,要么我有。我给你,我就没了。

知识不是零和的。当我拥有一方面的知识,并且让更多的人也拥有这方面的知识时,知识的效用就变得更大。

讲书的五种必备能力

讲书的人需要具备哪几种能力呢?

■ 第一,逻辑思维能力

很多人读书抓不住重点,不知道一本书的主题是什么,不了解一本书的论证过程。什么是逻辑思维能力?就是要知道什么叫作前提,什么叫作假设,什么叫作论证,什么叫作论点,什么叫作论据,这些东西要搞明白。

所有的论证,要么是用归纳法,要么是用演绎法。

第一个是归纳法。归纳法的特点就是你看到了 n 个正确的案例，于是判断第 n + 1 个也是正确的。你们确定明天太阳从东边升起吗？我们知道，世世代代，太阳都从东边升起，我们就觉得太阳应该从东边升起。这是归纳法。

然而，归纳法带来的结论是我们需要警惕的。为什么有很多书我不选来讲呢？因为那些书里全是归纳法。比如，它会告诉你李嘉诚是这样成功的，比尔·盖茨是这样成功的，扎克伯格这样成功的，举完这么几个例子以后，作者便总结出来一条，说人努力了就一定会成功。这套归纳法得出的结论有时候在逻辑上是站不住脚的。但在现实生活中，我们特别容易被归纳法迷惑，这时候一定要警觉。

有很多父母，本身非常优秀，但在某些问题上也会落入"逻辑陷阱"。比如，他们听说各路牛人是用了哪种方式，看了哪些参考书，或者报了哪些辅导班，然后考上了清华大学的时候，他们就认为自己的孩子也可以复制这些路径。因为考上清华大学的这个目标太诱人了，这些家长就禁不住用归纳法来解决问题。

第二个是演绎法。演绎法就是大前提、小前提、结论，三段论。所有符合这个条件的人都考上了清华大学，谁符合这个条件，谁就可以考上清华大学。这个推理的过程是没有漏洞的，基本上是正确的。如果大前提正确、小前提正确，结论一定是靠谱的。

举个例子，所有的人都会死，苏格拉底是人，所以苏格拉底会死。这就是演绎法。演绎法是科学表述的一个常规方法，所有的理论都是这样的。

聪明的读者一定发现了，演绎法本身也有一个小 bug（缺点）。这个 bug 是什么呢？大前提本身是由归纳法得出来的，就是"所有的人都会死"。

所以如果我们非要深究起来，那这个世界上真的没有可讲的东西，因为深究起来都站不住脚。不过，虽然我们不能保证逻辑的完备，但追求科学性会比较容易接近真理。

逻辑能力还体现在另外一个角度，就是你怎么讲书。

在讲书的过程当中，你也需要把大前提、小前提、结论体现出来。即便是归纳的部分，也要用三段论来体现。比如举例子，举例子是为了验证我们的那几个前提，最终能够帮我们的用户得出结论。

我当年参加辩论赛的时候，最主要的工作就是论证。论证就是，你说完一个观点，要想办法让大家接受且认可。这其实是一个智力游戏。我们现在都知道，这个东西不存在绝对的真假和绝对的对错，但是这个智力游戏体现的是你的逻辑能力，是看看你能不能用大家都能接受的逻辑，来组织和转化你所要表达的内容。

逻辑能力在今天这个时代弥足珍贵。原因是我们的大脑都特别懒，大脑最主要的习惯就是能不思考就不思考，能不推理就不推理，能停下来就停下来。大脑的这种惰性导致我们不愿意使用批判性思维。

关于提升逻辑能力，我推荐一本书——《思辨与立场》。

逻辑能力是第一重要的。我们可以通过不断地拆解和练习讲书，慢慢培养出来。

■ 第二，大局观

大局观就是你拿起一本书以后，首先要知道这本书的大框架。在看一本书的时候，你看的不是细枝末节。

> 曾有一位特别逗的书友，是深圳的一位企业家，跟我说："我买了一本《从0到1》。我读完以后，把我认为重要的部分都画下来了。然后我再听你讲。"
>
> 我说："你为什么要这样做呢？"

他说:"我就想看看你讲的是不是跟我看的重点一样,看看咱俩提炼的重点是不是一回事。"一对比,他说:"我发现非常不一样,就是所有我画线的地方你几乎都没讲,但是你讲的那部分明显比我画线的地方重要。"

我说:"你画了什么?"

他说:"我画的全是名言警句。"

他的做法是,比如看到"创业维艰,创业真正的顺境只有三天"这句话觉得好酷,就赶紧画下来。但这句话是什么意思呢?这句话推动了这个逻辑的进程吗?这句话论证了什么事吗?其实它只是看起来酷而已。所以,当你缺乏大局观的时候,你所看到的就只是书里的细枝末节。

大局观是说,你拿到一本书后,要一步步地分析:

- 这本书要解决什么问题?
- 它的使命到底是什么?
- 它是怎么论证这个使命的?
- 它提出了一个什么样的假设?
- 怎么验证这个假设?
- 推理的过程是什么?

- 怎么获得这个证据？
- 最后我们能得出一个什么样的结论？
- 这个结论对我们每个人有什么意义？

这就是一本书的架构。如果你在脑海里清晰地梳理了这个架构，你读书的时候，就会非常省力。这就是拥有了大局观。

■ 第三，语言能力

语言能力可以细分出很多部分，其中最重要的有三个：第一个是简洁，第二个是幽默，第三个是说服力。这三项能力都可以通过训练慢慢获得。

我有足够的经历证明，语言能力的确是可以训练出来的。关于语言能力，说什么都没用，就是练习。

第一，简洁。简洁有效的表达，是非常高的境界。你用一个小时说清楚一件事，这不难，难的是用三句话说清楚。因为你的简洁是在为别人和自己节省认知成本。

简洁代表一个人能够准确地概括一件事情，它说明这个人对这件事情吃得足够透。只有理解了，感受充分了，你才能很轻松地把它描述出来。

就像毕加索画画一样。很多人质疑毕加索,说毕加索的画都那么难看,线条歪七扭八。但是如果你把毕加索早年的那些素描作品拿出来看,你会发现,他的功底极深。正是因为他对素描、透视这些东西已经熟到不能再熟了,所以他在晚年的时候随便拿手一勾,人物形象便能跃然纸上。

这就是我说的简洁。你得有深刻的理解作为底层的积淀才能做到简洁。而且,要想简洁地把一件事说明白,核心还是前面提到的逻辑能力。就是你知道这件事有这么几个点,只要把这几个点说明白了,就不需要说太多了。

第二,幽默。怎么培养幽默感?我觉得在这方面不需要强求,幽默感因人而异,并且和听众的感知力也有关系。

崔永元老师原来给我施加过很大的压力,我只要跟他在一起,就觉得别人说话都是浪费时间,只要他说就行了。因为他特别有趣,他说的话都特别好笑,给人一种他是万众瞩目的焦点的感觉。

有一段时间我压力很大,做节目的时候,我就刻意地开玩笑,刻意地"抖包袱",想要像崔永元那样,结果导致内容本身没能很好地传达出去。我根本没听对方在说什么,老想着我怎么开个玩笑,所以最后节目就做得不怎好看。

然后崔永元就说:"你不用老开玩笑,咱俩的风格可以不一样。你好好说话就行了,有灵感了开个玩笑,没灵感就不开玩笑,没事儿。"我见过特别多好的讲师,但大多讲课毫无表情,非常严肃。

我听过包政老师讲课,有一次他感冒了,一边讲课一边擤鼻涕。你能感觉到,他根本没有觉得给大家讲课有多大压力。他就是有一条讲一条,不开玩笑。

但是,往往是这种人,在偶尔开一个玩笑的时候,底下的人就笑疯了,因为他们没想到这位老师还能说这样的话。所以不用刻意把自己变得特别有趣,但是每个人都需要对幽默有品位,你得知道什么是好的幽默,什么是糟糕的幽默。比如,用伤害或者贬损他人的方法来开玩笑,是糟糕的幽默;用自嘲和反省的方式开玩笑,是高级的幽默。

第三,说服力。语言表达怎么更有力量,更有信服力?我有两个有意思的方法可以教给大家。

第一个是看优秀的电影,学习里边那些主人公的表达方式。比如《勇敢的心》《阿甘正传》,优质电影里的台词和演员表演的节奏,一定是非常考究的,而且是拥有力量的。

第二个就是阅读好的文字作品，向这些作者学习怎么讲话。之前听邓晓芒教授说，他初中阶段读黑格尔的书时间长了之后，写信都变成黑格尔的语气了。你想，一个初中生学习黑格尔，给人写信用的是黑格尔的语气，这是多么潜移默化的影响力。这些好的文字，会给人带来深远的影响。

■ 第四，同理心

你知道你讲的东西在别人身上会起到什么样的作用吗？或者你知道对方关心什么吗？有时候我讲到一个点，我就能够感知观众此时的心情。比如我讲的内容可能给大家带来了困惑，那我会多说一句："你这会儿肯定会觉得特别奇怪。"观众本来真的觉得很奇怪，但听完我说这句话后，他们的心理活动得到了理解，反而就冲淡了他们的困惑情绪。

同理心就是感同身受，换位思考，想他人所想。同理心是人和人之间沟通的一个非常重要的方面。对同理心的培养是最费劲的。这可能跟童年生活经历有关。我见过很多人一辈子都培养不出来同理心。他们根本感受不到对方不愿意，感受不到对方有为难情绪，总是一厢情愿。所以同理心的部分是需要弥补的，甚至需要进行心理疏导。

■ 第五，爱

为什么爱很重要？我希望大家能感受到，我讲每一本书时都充满了热情。我爱我的听众。我觉得把这些内容讲出来，万一有一个有缘人听到了觉得特别好，从此他的生活可能发生改变，这是非常有成就感的。

你怀着这样的心情去讲书的时候，就不用计较讲每一本书时的得失，不用计较收听率的高低，你所看中的是每一个人。只要有一个人听你讲的书，改变了命运，你的讲书就是有意义的。所以你衡量自己的收入和损失不是来自钱、效果，而是来自爱。当你用爱来衡量它的时候，你做这件事的反脆弱性会高很多。

这就是我个人认为讲书人需要具备的五种基本能力——逻辑思维能力，大局观，语言能力，同理心，还有心中对社会、对每个人的爱。

对待讲书，要有"将然"的心

■ 每个人都可以讲书，为什么有的人讲出来就是没人愿意听？

这一点和创业有点像，你总得有自己的秘密。一家公司如果没有秘密，肯定赚不到钱。你做的事别人都能做，别人干吗在你这儿花钱。

比如单田芳、刘兰芳、袁阔成这些人，他们的秘密就是特别会表演，他们能表演得精彩绝伦。所以直到今天，我们听单田芳的评书，都觉得挺好听的。别人难道不能讲他的讲稿吗？当然可以。把他的讲稿扒过来，你照着说不就完了吗？但问题是你没有他的那种表现力。

有的人说我面无表情，我就不需要那么使劲。比如梁文道，你能说梁文道讲书像单田芳一样吗？不能。他就是淡淡的，但是你依然觉得很有意思，为什么呢？他能在内容深度上"碾压"你。他在准备内容的过程当中，延伸出了很多的知识点，他理解文本的深刻程度比听众高得多。

某种程度上说，受众是需要被"碾压"的。"连我都'碾压'不了，我干吗要听你讲？"所以，要么你的表现力技高一筹，要么你的内容道高一丈，要么你的见解、思维方式别出心裁。

比如，为什么会有新闻评论员呢？他们是靠逻辑思维体系生存的。这个世界上有大量的人缺乏批判性思维，他们没有在脑中建立一个逻辑体系来看待各种各样的事情。

另外，你讲的东西是不是有人听，它一定是分层次的。只不过有的人讲的内容有更多的人愿意听，有的人讲的内容有更少的人愿意听。

最重要的事情是，每个人的能力是变化的。就算你开始讲得不好，慢慢地你也会变好。随着时间的推移，你会越讲越有趣，越讲越有自信，知道的事也会越来越多，你的受众自然会变得越来越多。

用一种"将然"的态度来看待每一个人的发展，很多问题就不存在了。这是梁漱溟先生常说的话。它是一种趋势，它是一种变化。所以，不要抱怨自己讲的书没人听，或者自己讲的书让别人觉得很糟糕，而要找到自己的市场，慢慢讲，坚持讲，讲着讲着，你会发现听众出现了。

我一开始以为"樊登读书"是为解决企业家的问题，企业家没时间读书，所以我们给他们讲书。后来我慢慢发现我们的受众中有很多知识分子，甚至还有院士听我们讲书。为什么呢？一是他们永远有一颗不断获取知识的心，二是有些知识正好是他们的盲区。

有一个书友，是北大光华管理学院的统计学教授，在统计学领域是非常厉害的。他在学校里表现得好，后来就被提拔为系主任。当上系主任以后，他发现自己压力非常大。因为他承担了一些管理的工作。但这些工作，他过去没有接触过，很要命的一点是，越是这种专业的学者，越相信隔行如隔山——"这个领域我没学过，我肯定不行"。另外，他还认为，他如果想学会，得上几年MBA课程。

所以他就下定决心干脆自己别去了解了，也别当什么领导了。一次偶然的机会，可能是别人送给他一张"樊登读书"的卡。他听了听平台上和沟通、团队建设有关的书，听完以后特别兴奋。他发现，做管理主要是要掌握几个要点。本来觉得门槛特别高的领域，通过读一本书或者听一本书就进入了该领域，他觉得特别棒。

因此，我们不需要替受众操心，他们会慢慢地出现。我希望大家能够把分享变成一种习惯，鼓励身边的人。有时候，在开讲之前，我会跟我儿子在散步的时候讲给他听。我很享受这个过程，多讲一遍给他听听，顺便检验一下我对这本书的熟悉程度，一边走路一边讲，这就是练习的过程。

■ 在讲书的过程中把自己变成"瑞士军刀"

亚当·斯密的《国富论》前两章都在讲分工。二百多年以来，工业体系和经济体系依靠分工变得越来越有效率，因此才有如今很发达的经济体和社会。

现在，知识也在不断产生"分工"。我觉得这就是"樊登读书"的意义。对于普通听众来说，这可能使你增长见识和能力。同时，对于一些专业学者来说，意义也很重大。其实，一些专业学者在某个领域非常专业，但是在别的领域可能反而比别人更需要"补课"。

我们所起到的作用，其实就是我们在很多本书里提到的，叫作"把人培养成瑞士军刀型的人才"。现在都流行这个说法——你必须成为一个瑞士军刀型的人才。在过去，你只是一把刀，你负责"切割"这一件事就够了；但是现在，你慢慢发现，你还得拧螺丝，还得开瓶盖。你又要带团队，又要去谈判，又要教育孩子……所以你必须让自己具备一身武艺。

这一身武艺的特点就是你首先得有刀的那个功能，得有自己锋利的那一面。换句话说，你得有自己的主业，同时，别的能力也不能太差。这就是瑞士军刀型的特点，一点突出，其他的不弱。我们不能帮你做到"一点突出"，因为那是你自己的专业，需要你自己长期深耕，但是我们可以帮你做到"其他的不弱"，营销、沟通、管理、亲子、投资都包含在这里边。

小　结

1. 技能的习得来自刻意练习。
2. 辩论队培养我正确的发声方法和控场能力。
3. 建立"幽默素材"档案，培养幽默感方能吸引眼球。
4. 电视台为收视率负责，"樊登读书"为价值负责。
5. 不要走捷径，厚积薄发前的积累至关重要。

6. 真正的读书学习,是要走出阅读的舒适区。

7. 讲书的五种必备能力:逻辑思维、大局观、语言表达、同理心、爱。

8. 对待自己的能力不足,要有一颗"将然"的心。

读懂一本书——樊登读书法

03

一年只选 52 本书，标准是什么？

接下来我要讲的是一个非常重要的话题——怎么选书？什么样的书是值得被解读的？

首先我想来谈谈对于读书的几个误解，只有破除了这些误解，我们才能摆正阅读的心态，明确阅读的目的，然后再谈如何选书。

对于读书的五大误解

1. 读书无用？——"Keep learning"（持续学习）是一个必然的趋势

读书无用，肯定是最大的误解。读一本书，几个小时或几天的阅读就能掌握一个人几年甚至几十年所总结的智慧，怎么会没用？对任何人来说，读书不是无用，而是非常必要。

如今，知识的更迭比过去快太多，没有人会因为自己在大学里学了一个特别好的专业，就能一辈子不学习。知识也在不断地被淘汰、更新。"Keep learning"是一个必然的趋势。

通过读书，我们可以用最便捷的方式跟更多的人对话。这样，我们的视野就会变得更加开阔，而不是仅仅局限在我们眼前所看到的这些人和事中。

"读书是一辈子的事"是我笃信的，所以我才要把自己读书的方法分享出来，写成你手上的这本书。

2. 读书只追求有用？——善用邓宁-克鲁格效应

这一点和第一个误解似乎是对立的，但不妨碍它依然是一个误解。

如果一个人读书，是为了读了以后让书来帮自己解决实际问题，不解决问题就气急败坏，那他就完全误解了书的作用。书只是催化剂，只能助力，最后能不能解决问题的关键是你自己。如果完全功利地去依赖书，就会落入"读书功利化"的陷阱。

知识本身是非常有用的。千万不要以为自己读一些诗，读一些哲学，似乎在生活中起不到多大作用，其实它会潜在地影响我们对事物的判断。

名家、专家推荐书单非常流行，这种现象背后体现的是一种邓宁-克鲁格效应。邓宁-克鲁格效应的核心就是你经常不知道自己该知道些什么，不知道自身的不足之处。有的人只读自己能"够得着"的书，这样容易只停留在自己认同的那个层面。

如果你读到一本书的时候，突然有点吃惊，觉得书里面讲的东西从来没听过，不明白为什么它这么奇怪……这时候你反倒应该认真去对待。

3. 有的书我读不懂？——小心你的存量技能

"读不懂"绝对不该是一个固定的状态，这只是某一刻的情况，要相信，慢慢地，自己能读得懂。

我二十几岁的时候，学人家读《瓦尔登湖》，真的完全读不下去。38岁那年，我又想起了它，这次一读，收获颇丰。这就是经典，买回来，放在书架上不会吃亏。

除了经典，遇到其他一些读不懂的书，也不要紧。如果一本书中所写的内容都是迎合你的需求、增加你的自我崇拜感、放大你的欲望、跪求你的认同的，你一定要小心，它不只是想赚你的钱，还想让你变得更傻。

读不懂也并非没有收获。这是邓晓芒教授跟我说的。他年少时，用一年读黑格尔的《小逻辑》，虽然读不懂，但是仍然有很多收获。又过了几年，在读了很多别的书以后，他才读懂了《小逻辑》。

遇到读不懂的书，你可以先读一些跟这本书更接近的书。

4. 读书是一件私事？——交流才能突破舒适圈

把读书当作私事，这个行为太过封闭。

这往往是很多人不读书的借口。其实，读书是需要有朋友一起交流的。

孔子在《论语》开篇的第一句就讲"学而时习之，不亦说乎"，第二句就是"有朋自远方来，不亦乐乎"。第一句是自修，第二句是共修。

很多时候，我们可以把读书当作一个很愉快地与人交流的方式。和更多的人一起交流，大家共同进步，也有助于打破阅读的舒适圈。

5. 自己读的效果最好?——把书讲给别人,以人为镜

对大部分人来讲,"孤独"地读一些有难度的书,效果是非常不好的。

很多人抱怨,看名著丝毫没有作用,这是因为你暂时读不懂。千万不要觉得,自己读的效果一定就比别人讲的要好。

如果有更多的机会获得他人的指点,获得别人对书的内容的提炼,或者有比你水平更高的人帮助你去解读一本书,我觉得这都是值得高兴的。我们既然能在上学的时候听老师讲课,为什么不能听别人介绍一本书呢?所以,你不必存有这种精神洁癖。

很多讲书人是高手。当你听了一些高人讲他研究了一辈子的东西后,你会觉得豁然开朗,这是因为对方把一本书的内涵吃透了。

读书这件事情,我们不需要执着,不需要痛苦,能读就读下去,能吸收就吸收。如果暂时读不懂,可以听听别人讲的,再接着读下去。

让我们自然、活泼地学习,保持不断进步的心态,一起把读书变成一辈子重要的事。

选书原则

"樊登读书"每年会选 52 本书,一周一本,大家都觉得这些书要么和自己的生活相关,要么能长见识,所以都愿意听。

我做了这么多年的主持人,知道什么节目收视率高。在中央电视台的时候,我们有一套非常明确的体系。比如,这档节目里有人说英文,收视率肯定低;那档节目里如果有一个残疾人,收视率就会高。我们有一个粗略统计排序:残疾人>小孩>老人>女性,最没人看的是中年男人。

选书的标准和电视节目不一样。前文说过,电视追求的是收视率,书和知识讲究的是价值。那么,什么样的书是有价值的?我们有没有一套选书的标准和流程呢?

TIPS 原则

"樊登读书"的主编慕云五老师在历经多年的选书工作后,总结了一套 TIPS 原则。什么意思呢?

- T（Tools）是工具。"樊登读书"讲的大部分书，基本上都能提炼出工具性的内容。换句话说，这些书都会教给听众一套方法。另外，能够提炼出有效的工具也意味着这本书建立在坚实的实践基础之上。
- I（Ideas）是新的理念。图书的作者能够带来一些新的理念、新的发现、新的想法。
- P（Practicability）是实用性。它能够给大家的生活带来改变，可以应用在日常生活中。
- S（Scientificity）是科学性。它不是凭空捏造，不是简单归纳，它一定经历了科学性的验证过程。

随着书的品类和方向的扩充，我现在会在这套标准的基础上做进一步的细化，比如我们逐渐觉得，T可以被单独拿出来考量。有些书不是纯工具性的，我们便不再严格遵循T的方向去选书。比如《列奥纳多·达·芬奇传》这样的书，或者《思辨与立场》这样的书，就完全不是T。还包括我们讲的《基因传》《思维简史》，都没有明显的工具性，它们更偏重科学性，或者它们是新理念。

而我个人认为，选书最重要的两个原则是科学性和建设性。

科学性是选书的第一标准

首先要了解，没有绝对的科学性。到现在为止，我们认为，爱因斯坦是一位科学家。爱因斯坦的理论是可证伪的。但谁能保证爱因斯坦的理论永远是正确的呢？

很有可能是爱因斯坦的理论恰好符合我们的认知，就像牛顿当年完美地解释了重力一样。但是你没法儿说牛顿的理论一定正确。历史已经证明，牛顿的说法是一个工具性的说法，而不是一个事实性的说法。

我们在看待一个事物、看待一个理论的时候，通常有两种衡量的角度，一种叫工具性的角度，一种叫现实性的角度。

■ 工具性的角度

什么叫工具性的角度？就是我知道这件事未必是这样的，但是它可以很好地解释现有的情况，能为我所用。

想要理解这个概念，最该读的一本书就是《世界观》。比如，最早是托勒密的天文体系治了人类的思想大概1 400年。托勒密认为，所有的行星都绕着地球转，每颗行星还都有一个自己的周转圆，沿着周转圆转。

他为什么提出周转圆呢？因为如果没有周转圆，就没法儿解释行星逆行现象。

所以托勒密就画了一套非常精密的带周转圆的体系，告诉大家说，这就是行星绕着地球转的结构。他的学说正确吗？现在看来，肯定是不正确的。

所有的行星并不是做正圆形的运转，也不是匀速运动，但是那个时候的人却认为一定是这样的。为什么？因为这个叫作哲学事实。有两种事实：

- 一种叫观察性事实。
- 一种叫哲学事实。

比如，你看到我手上拿了一本书——观察性事实。我现在把这本书藏在我背后，你看不到这本书了，我告诉你我背后有本书——哲学事实。你看不到我背后的书，很有可能我背后有个通道，这书已经被扔了。但是你仍然认为我背后有本书，这个就是哲学事实。

过去的人始终被局限在几个非常重要的哲学事实之下。比如，亚里士多德认为，世界是完美的。什么是完美？正圆就是完美。所以，所有行星的运行轨道一定是正圆。

什么是完美的运行方式？匀速是完美的，所以所有行星一定是做匀速运动的。当亚里士多德规定了这两件事以后，当时所有人便形成了一个共识，认为这是正确的。所以，托勒密在构建这一套哲学体系的时候，它一定是遵循着正圆和匀速运动的原则来做的。

虽然托勒密的理论体系在今天看来是完全错误的，但我们按照托勒密的方式能够完美地解释行星的运动，表面看全是对的，完全没错，这个就叫作工具性科学。它并不是事实和真相，但它是一个实证工具。

直到伽利略发明了望远镜。他拿着望远镜往天上一看，发现宇宙根本不是亚里士多德想的那样，太阳"脸上"有黑子，月亮表面坑坑洼洼。月亮不是由以太构成的，而是由岩石构成的。木星周围还有四个小行星绕着它转，没有一个是绕着地球转的。

当伽利略用望远镜发现了更多新的事实以后，科学界发现，托勒密的那套不管用了，哥白尼的那套也不管用了。工具性的解释方法是不对的，它没法儿解释宇宙中的事实。然后，慢慢地，涌现出了像开普勒这样的人物，开普勒最伟大的地方在于挑战了正圆和匀速运动理论。

过去没有人敢挑战，如果你要挑战亚里士多德的正圆和匀速运动理论，那你得把亚里士多德所构建的世界观全部解释一遍。因为亚里士多德是完全自洽的，用亚里士多德的那套解释世界，人类就没了烦恼。

这时候你突然说，不对，事实上，行星的运转轨迹是椭圆的，而且并不是匀速运动。

虽然开普勒的理论也能解释行星运转的所有规律，但是如何解释这一现象与其他现象的关系呢？地球怎么会自转呢？你要为解释这一件事，放弃掉整块拼图，这是一件非常痛苦的事。但是开普勒认为，事实就是这样，于是他就把理论公布出来。然后牛顿开始算每一个瞬时点的速度。要算清楚每一个瞬时点的速度，你必须得会微积分，没有微积分就做不了这件事。然后就有了微积分。有了微积分，才慢慢有了牛顿三定律，牛顿三定律奠定了我们的世界观。

■ 现实性的角度

现在，我们大部分人会认为，牛顿三定律是事实性的，是一个现实性的理论，同时又是一种工具。牛顿自己在当年就说它是工具性的，这是非常了不起的科学态度。牛顿不仅是物理学家、数学家，我们后来所知道的化学、电子学、生物学，全建立在牛顿的观点之上。法拉第、麦克斯韦这些人在做电磁学实验时用的都是牛顿三定律的公式来进行推导的,所以牛顿构建了一套新的、完全可以自洽的世界观。

牛顿的世界观替代了亚里士多德的世界观,这是一件非常了不起的事。但是牛顿非常冷静地告诉大家,他这个只是工具性的,他并不知道为什么会有重力。为什么他不知道?因为如果他说有重力的话,别人问他,一本书与地面之间这么远的距离,书会掉下到地面上,这个力是怎么传导过去的?比如,车行进得有推力的传导,重力怎么传导呢?牛顿解释不了。

事实证明,重力就是不存在传导物,所以牛顿的适度保留是对的。这就是我们说的,如果你要追求科学性,这个事能说一辈子,没有绝对的科学性。在今天看来,什么是符合科学性的呢?可证伪的就是符合科学性的。你知道了可证伪这件事,就能够判断一个理论符不符合科学。

■ 科学是开放的

科学和伪科学最根本的区别在于,伪科学其实是封闭的,科学是开放的。

为什么这么讲？你看，崇尚伪科学的人，经常攻击崇尚科学的人，说崇尚科学的人太保守，不开放。比如，崇尚伪科学的人说有上帝，他们认为，为什么不能开放地想一想上帝这件事呢？万一有上帝，也没什么坏处。他们认为这叫作开放。

而崇尚科学的人认为，你只要能拿出证据来，让我感受到你的观点的科学性，我都愿意接受。这是崇尚科学的人眼中的开放——在科学史上，曾经有三个长期被科学界攻击的伪科学现象，后来它们被证实是科学的。

第一个是陨石。

最早，人们看到有一种石头跟地球上的不一样，大家说是天上掉下来的，没人信。科学界人士认为，天上怎么可能会掉下石头？所以在很长一段时间内，人们不接受天落陨石这件事，认为陨石是伪科学，是骗人的。事实证明，真的有陨石，于是相信科学的人承认了陨石的存在。科学代表了开放性，我发现我错了，我就愿意接受并立刻修正观点。

第二个是催眠。

过去，人们觉得催眠是骗人的巫术。事实证明，催眠是经得起对照试验的。催眠真的有效，真的能够使一个人进入被催眠状态当中。

第三个跟中国有关——针灸。

过去，西方人觉得，用在人身上扎针的方式来缓解疼痛是天方夜谭，针都是越扎越疼，怎么可能缓解疼痛？之后，他们用西方的医学方法做对照试验，证明针灸是科学的。而且针灸在美国已经进入医保体系。

这几个例子说明，科学是开放的，是不断进步的。遇到了不同的见解，只要能够给出证据，崇尚科学的人是能够接受这件事的。

反过来，你会发现，崇尚伪科学的人是封闭的。

比如，有一个人坚信这个世界是由某一个造物主创造出来的，然后你现在给他列举各种各样的证据，你说你发现了恐龙化石，发现了几万年前的东西，放射性元素能够检测到很多现象。他会说那都是造物主的安排。

造物主在那个地方放了个几万年前的东西，就是为了考验你们的信心。无论怎么解释，你都和他说不通。表面上看起来，崇尚科学的人似乎在较真，实际上是崇尚科学的人更开放。

崇尚伪科学的人永远在自证。这就涉及不可证伪性。可证伪性其实就是一种冒险。一个科学发现越伟大，就要冒越大的风险。比如，爱因斯坦宣布广义相对论，他认为所有的光线在经过大质量星球的时候会发生扭曲，这是一个非常了不起的预言。这个预言冒了一个什么风险呢？

如果爱因斯坦说的是对的，那我们肯定能看到太阳背后的星星。光过来的时候它会绕个弯，所以能看到太阳或者星星。就算爱因斯坦相信自己，但万一后人测出来不成立怎么办？

那么，爱因斯坦所说的这些话可以被证明是错的。假如他的预言没实现，那就要立刻推翻自己，这叫作可证伪性。

什么叫不可证伪呢？

比如星座这件事。现在很多人相信星座。有人问我是什么星座的。我说白羊座。他说我不像白羊座，白羊座的人很强势、急躁，做事风风火火的，我这么温和，不像白羊座。

他也不知道该怎么解释，便说可能是我读书比较多，所以比较温和。就是当一个人检测的一件事情不如他的预期的时候，他会给出各种解释，不会承认这件事情本身可能是站不住脚的。

伪科学的特点就是只需要有人相信就行了。有人做过这样的实验，拿一段中性的文字描述给一些人看，这些人看完后，实验人员问，这段文字说得像他们吗？所有人都觉得太像了，简直就是自己的简介。这纯粹就是一个心理学上的接受过程，并不是科学。

具有建设性的好书值得你读

在机场书店的屏幕上，你可以看到很多"大师"讲课。他会说，你只要学会放下，这个企业就能更好地发展。接下来，他们会给你讲很多"放下"的案例，马云怎么放下，李嘉诚怎么放下……听完以后，你就心潮澎湃，因为你会受到影响，觉得放下真的很重要，以前都没想到自己可以放下这些事。

这种知识是简单的归纳。有一本书叫《从优秀到卓越》，还有一本书叫《基业长青》，作者都是吉姆·柯林斯，他追踪了很多大企业的发展沿革，总结出来这些大公司为什么成功，最后在书里面一一列举，供大家参考学习。

与之相对，塔勒布这个人就特别较真，他追踪了同时代的作者列举出来的所有好公司和坏公司的发展轨迹，最后发现各家表现差不多。

很多过去所谓的好公司慢慢地不行了，而坏公司慢慢地好起来了——只要时间拉得足够长。所以这类书的写作方法是什么呢？是典型的简单归纳。

实际上，塔勒布的观点是，它们共同的、最重要的核心并不是外在的一些表现。领导人强势与否，团队士气如何，有没有开放的论坛，都不重要。塔勒布的结论是，主要看这些公司的反脆弱性是否足够高。

这些公司是否具备足够的反脆弱性，这才是成功的关键。所以，当你读了一些有科学逻辑，包括具有批判性思维的书之后，你再判断一本书的时候，就能看到这本书是不是能够说服自己。

每年有那么多的新书上市，到底该看哪些？我有时候选书也很痛苦，比如名人写的书、海外畅销书、长期在图书排行榜上的书，都是评判标准。所以我认为，抛开这些外在的光环，好书的一个特别重要的标准就是科学性。

但任何时候，任何人，包括我在内，都不应该追求极致的科学性，因为这世界上没有极致的科学性。我们应该看这本书或者这本书的作者，是不是在朝科学性的方向做努力。

现在咱们回过头来看"樊登读书"讲过的所有书，

你会发现，其中也有很多书是简单归纳型的，但前提是，在当时的科学背景和时代特征下，这本书归纳得不错。比如，《高效能人士的七个习惯》这种书的典型特点是什么呢？就是有智慧的人所归纳出来的东西，是值得学习的，这就够了。作者不需要论证，只负责把智慧呈现出来。

再比如日野原重明的《活好》。我讲这本书的时候，就跟听众说得很清楚，这书没有科学性，但是值得读。因为作为百岁老人的作者不是科学家，他不需要建立一个学派，不需要建立一套理论体系，他只是把自己的生活心得拿出来跟读者分享。读者读下来有感悟，有收获，就可以了。

所以在科学性之外，我们也应该关注评判图书的另一个重要的角度，就是这本书是不是具备建设性，就是读完了以后，你是不是有感悟和启发。

这也是一个很重要的标准。什么叫建设性？联想一下行车导航。我们开车用导航指路，这和你老婆（老公）指路的感受是完全不一样的。老婆（老公）指路，她（他）一定是确定自己知道正确路线的——你不按她（他）指导的路线走试试？她（他）一定会生气，告诉你说爱走不走。然后生气了,不给你导航了,彻底罢工。所以,这种导航就缺乏建设性。

行车导航的特点是什么呢?假如你走错了,它会说"重新规划线路",让你在"前方路口掉头"。假如你不掉头,它会继续重新规划路线——想方设法为你找到接近正确路线的方向。

一本好书也是这样。它一定是在试图帮你从痛苦的、复杂的、难以解决的社会问题当中,探索出一条好的路径,让你能够看到希望,看到解决的方向。基于这样的原因,像《经营者养成笔记》《活好》《高效能人士的七个习惯》这样的书,虽然不是科学的,也不一定符合理论体系,但它是经验、智慧,是建设性的东西。

这种书的讲解方法和科学性的书的讲解方法可能不一样,但整本书一定是说明了具有建设性的道理,这类书是值得选、值得讲的。符合以下三点之一的便是具有建设性的图书。

- 给我们的生活带来新的意义。
- 使我们产生强烈的动力。
- 给我们的生活带来改变。

意义、行动和改变,如果三者有其一,我们就说这本书是具有建设性的。综上而言，科学性和建设性是我选书的基本逻辑。

每本好书都自带使命

我经常跟别人吹牛说我在书店里面转一圈，就能马上挑出来一本好书买回家，并且我还能自动屏蔽山寨书。读者就会疑惑，他们自己去逛书店，还是会买回家很多烂书。同一个主题下，可能有很多本书，他们分不清，不知道具体每本书的好坏。

我买书的时候有什么秘诀呢？

- 第一是看出版机构。原来我们都说买书看出版社，但现在你会发现，买书也要看出版公司。因为中国出现了很多很好的出版公司，它们是跟各种出版社合作的，所以出版公司变得越来越重要。一家好的出版机构会对自己的品牌负责，所以在出书的时候会严选内容，它们会先替你把一道关。全世界能够出的书那么多，它们一定是慎重选择过的。
- 第二是看作者背景。我现在对大量的畅销书作家的书已经开始"自动屏蔽"了。尤其是美国的一些畅销书作家,他们写书多是一种套路——尽量简单化,快速得出一个简单的结论。这种书,译者一般很快就翻译完成了,一卖就是几百万册、上千万册,但实际上不具备太高的价值。

我建议大家挑选一些有学术背景的书。我喜欢读大学教授写的书,往往这个教授一辈子没写几本畅销书,但是他这一辈子的研究的精华就在这几本书里。比如《刻意练习》,就是典型的教授写的书。作者做了多年的研究,写出一篇关于刻意练习的论文,其中有很多的实验和数据。

- 第三是看推荐人。推荐人也要甄别,有的人是乱推荐。平常找我推荐书的人特别多,我有时候碍于面子也会同意推荐。后来我发现这样是不负责任的,于是我就慢慢地变得越来越挑剔,总要跟人说"不"。这需要很大的勇气。

比如,比尔·盖茨推荐的书几乎没有一本让我失望,他是很认真、严肃的人。

买书的时候看推荐人很重要。

- 第四是看好书中的推荐书单。我常说,书都是从书里边来的。比如，我最早知道《瓦尔登湖》，是因为我读的很多书里面都提到这本书。我很好奇，为什么这些书里都提到这本书？它一定是本好书，如果不是一本好书，不可能出现在别的好书当中。所以，当你在一本好书里看到作者提到别的书，被提到的大概率是好书。

- 第五是看书后的参考书目。我有时候看书会看书后的参考书目。参考书目里有好玩的书，我就会找来看。这时候你会发现，其实从一本好书切入就够了。从一本好书切入就会产生指数型的推荐，然后慢慢地，所有品类的书都会来"找你"。你想读下一个品类，然后在下一个品类里再插进去一本书看，最后慢慢又会延伸出更多的阅读可能。

所以你在读一本好书时，不要忘了看这本书背后的参考书目。尤其是当你发现很多不同的书都参考了那本书时，这本书肯定是大牛的书。这就是张五常教授讲的学术中的"老人与海"。一个人一辈子不需要钓特别多的鱼，最重要的是钓一条大鱼。

"好书带好书"是一个很有效的方法。

- 第六是看内容，主要看这本书解决什么问题。每本好书都有一个使命。这本书解决的问题是真问题还是假问题，需要你甄别。但是千人千面，很难说一本书里的问题对所有人来说都是有效的。所以，我们可以换个角度去看一本书讨论的问题，它有没有提供解决方案？它的论证过程是否严谨？

假如一本书讨论的是一个迫在眉睫的问题，而且给出了相当有效的解决方案，虽然未必是完美的，但论证过程是严谨的，或者说在努力地做到足够严谨，那这本书就是有价值的，就值得看。

- 第七是看翻译和图书印制质量。如果一本书的文字翻译得很糟糕，那说明出版过程不上心；或者错别字特别多，也会影响它的可信度；再加上印刷、装帧设计等，这些都代表着出版人对一本书的重视程度，间接地决定了这本书的价值。

书单自有黄金屋

我有一段时间搜集了很多书单。《南方周末》有一个板块，每周列一个书单，由一位名人推荐十本书，我把那些书都买过来看了。搜集书单的过程很愉快，而且能够搜集到很多很棒的书，然后你就能慢慢地找到适合自己的方向，拓宽自己阅读的范畴。

像《清单革命》《思辨与立场》这样的书，就是很符合这些原则的书。比如《清单革命》一开篇就给读者讲了一个残酷的故事。医院里来了一个病患，他在舞会上被人捅了一刀。医生按照常规的做法做了处理，却没有解决问题。原来这位伤者参加的是化装舞会，捅他的凶器是长军刀，造成的伤口很深、伤害很大。按照一般刀伤处理，深度太浅，而伤者的身体内部已经受伤严重。

医生的流程清单上没有询问伤害来源这一项，造成了疏忽，这给了他们一个很大的教训。

当医生没有建立一个清单时，他救人的时候就可能会出现意外。《清单革命》中总结了两个结论，一个叫"无知之错"，一个叫"无能之错"。作者在开篇就提出来说，社会上有很多错误是"无能之错"——因为能力不足而导致的错误；还有很多是"无知之错"——因为认知不足而犯下的错误，由于你完全不知道，所以这类错误是你必须要犯下的错。

这里的"无能之错"不是因为你不会，而是你顾不过来了。比如，飞机失事时，由于飞机上需要操控的按钮太多，有限的时间里不能全部实施了。所以我们需要用列清单的这种简单的方法去解决问题。列各种各样的清单，你就能在工作中不断梳理，不断累积，不断进步。可以说，这种书提出了一个好的问题，并且找到了相应的解决方法。

《思辨与立场》这本书开篇就给读者提出了一个假设——如果一个人没有批判性思维会怎样？这就是思维的三重境界：

- 底层的人从来不反思，永远觉得自己是对的。
- 中间那层人虽然反思，但老觉得是别人不对。
- 顶级的那层人会反思自己，让自己的思维不断进步。

这本书其实提出了一个大问题，把这个问题提出来了以后，读者会觉得人需要有反思能力，我们需要建立批判性思维。然后作者一章章地铺陈，具体给读者讲方法论和解决方案，这就是绝对的好书，这样的书就值得被传播。我前面讲过，有问题，能解决，并且有严谨的论证过程，就是一本好书。

小 结

1.读书的五大误解：读书无用，只追求有用，只读囊中之物，读书孤独论，极少输出。

2. 选书原则：TIPS 原则，科学性是第一标准，甄别具有建设性的好书。
3. 选书看什么：出版机构，作者背景，推荐人，推荐书单，书后参考书目，内容至上，翻译水平和印制质量。

读懂一本书——樊登读书法

04

如何读懂一本书

说到这儿,我有一个特别得意的案例。

　　写作这部分内容的前两天,我和麦家老师做了一次对谈。麦家老师8年没出新书了,最近出了一本书叫《人生海海》。光听书名你可能会觉得特奇怪。"人生海海"是福建话,意思是人生就像大海,潮起潮落。

　　麦家老师因悬疑作品为人所知,所以他在写这本新书的时候也设了很多的"暗号",他不愿意让别人很容易就读出书中隐藏的内容。

　　后来跟我聊天的时候,他发现他设下的"暗号",我几乎全读到并读懂了。我说他讲的是人生的悲悯和顽强。他说这两个词让他感动,因为他就是想写这些,他从来没有写得那么明白,我竟然读出来了。

我还指出了他书里最主要的一个人物，别看是个不起眼的小人物，但其实这个人物彰显了书的主题。麦家问我读这本书花了多长时间，我说四个小时。他说他预计别人读这本书要花两天，我四个小时就读完了，而且还捕捉到了细节。

后来细聊，书中所有人物的名字、外号、故事情节，我都知道。他说我这是练出来的，我就很得意。读一本小说，能够很快地抓住小说的主旨，知道它的主题是什么，它的人物主线是什么，这个能力真的是慢慢练出来的。随着我们不断地积累知识，读过的书的种类不断增加，感受过的书的行文方式越来越丰富，见得多了，就很容易抓住重点。

我刚才讲的例子更像是用非虚构作品的阅读方法阅读虚构作品。但要承认的是，文学带给人的感受绝不是单一的，由于每个人的生活阅历不同，其理解和感受也是多样的。

理解力的池子有多大，就能够读懂多难的书

在如今的移动互联网时代，我们经常能在各种微信公众号上看到这样的文章：《我是如何做到一年读300本书的》《怎样才能做到一天读一本书》等。不知从什么时候开始，读书竟成了一种竞赛。在盲目看中数量的同时，我们经常也会听到另一种感叹："听了那么多道理，却依然过不好这一生。"实际上，这就是我们常说的，从知识到能力会有一个界限，这是一个奇怪的分割。量变势必会产生质变，但前提是在这个过程中，你是不断进步的。

如果每本书的知识不能通过有效的途径转变为能力，再多的量也是一种沉没的时间成本。最重要的不是读书数量，而是真正把一本书读懂、吃透。大多数人在阅读的时候，或许不认为存在什么看不懂的词句，但是你真的读懂了吗？

如何让自己真正读懂一本书呢？

曾国藩说过，读书相当于攻城略地。下面我就为你介绍一些帮你打下据点的攻略。

怎样才能够快速阅读并抓住重点？最重要的是提高自己的理解能力。你的理解力的池子有多大，你就能够读懂多难的书。

这个理解力的池子包括什么？我认为我的池子里大概包含 7 个部分。

1. 经济学知识

经济学的基础思维是当代人一定要掌握的。

你有没有经济学的思维方式？你有没有系统地学过经济学？你有没有学过宏观经济学、微观经济学？假如你完全没有经济学的思维方式，那么当你读的书里出现经济学原理的时候，你就会感觉自己一窍不通。

我曾经见过一个人民大学的高才生，在我们公司当实习生的时候，特别苦恼地拿着斯蒂格利茨的经济学著作说他完全看不懂。我便问他有哪里看不懂。他说有一条曲线看不懂。后来我才知道，他不是看不懂经济学，而是他不懂微积分。

如果你没有学习过微积分，想要把经济学搞明白就会遇到困难。同样的道理，如果你没有读过经济学理论，那么当你看到别人在论述相关概念的过程中，涉及很多经济学名词的时候，你就会觉得理解起来很困难，每个词你可能都要想半天，阅读速度自然就比较慢。

经济学和每个人息息相关。前几年，北京的机场高速要停止收费，有一些经济学家站出来反对，很多老百姓不理解，便责怪经济学家。

如果你到新加坡去，会发现当地马路上直接就有收费的仪器。只要你想走快速道路，交足够多的钱，就可以保证让你走一条完全不堵车的道。虽然价格非常贵，但这就是经济学的方法。经济学和我们每个人的生活息息相关。

我最近读到的最好的书是《经济学的思维方式》，它彻底把经济学的原理讲明白了。而且不管是学文科的还是学理科的，基本上都可以读得懂。这本书中没有出现特别多的公式，都是案例和故事，叙述手法平易近人，使我对经济学有了非常深刻的理解。

2. 心理学知识

心理学知识是了解人类动机的不二法门。

你会发现，我们现在讲书的时候，大量的主题是跟心理学相关的。我们给别人讲怎么处理好夫妻关系、亲子关系、社会关系，它背后都是心理学的理论和方法。

心理学是一门实验科学，科学的心理学能够进入生理层面，从大脑的结构入手，研究神经递质，根据神经递质分泌的不同，带来行为方式的改变，然后能够依此长期跟踪一个群体的行为。

凡是能够用到科学的实验、数据和长期的观测来证明的观点，在我看来，都是具备可以参考的意义和价值的。所以，如果你有一些心理学的基础，你在选书、讲书的时候，就更容易理解它背后的原理和动机。

有一本书我觉得很有意思，叫作《改变心理学的40项研究》。要知道，心理学当中有很多伪心理学，这本书把所有在心理学研究的过程当中真正有研究意义的那些研究罗列了出来。

阅读心理学书籍的门槛并不高，心理学书籍往往都是面向大众的，都是希望成为畅销书的，所以只要你愿意读，一本本地读下去就好了。

3. 国学常识

作为中国人，我们要读些国学常识。

在这里，我把中国古代的经典作品统称为国学。为什么我认为国学很重要呢？我们是中国人，我们需要建立文化自信，我们得了解自己是怎么来的，得了解为什么中国文化跟西方文化不一样。

今天看来，中国文化的确有它的优越性。我们国家这么多年始终没有分裂，我们是统一在一起的。而且中国人的中庸态度，使得我们没有出现像西方社会那么多的极端事件，这都是中国的老祖宗留给我们的财富。

读这些国学典籍，其实并不意味着我们不认可西方的东西。反过来，你会发现，读了中国的典籍之后，你更容易甄别和理解西方的东西。

假如你脑海当中完全没有《论语》《道德经》，你去读西方典籍的时候，你就只能理解西方的那个层面，你就只能知道《高效能人士的七个习惯》是第一个、第二个、第三个、第四个……但实际上，你没发现那本书的背后就是《论语》。就是《论语》所讲的"君子求诸己，小人求诸人"。所以我认为，大家如果不了解一些中国古代的典籍，是有点可惜的。这里边最核心的就是《论语》《道德经》《庄子》《孟子》，把孔子、老子、庄子、孟子的四本书搞明白就够。如果你还有兴趣的话，可以读《荀子》《孙子兵法》《韩非子》《墨子》，作为前四本书的延续和扩展。

我相信很多人连前四本书都没读过，所以要先把这四本书硬着头皮读下来。一开始可以选择那些带现代翻译的版本，对照着读，而且尽量多读些不同的版本。因为解释不一样，很多的说法、断句都不同，所以我们需要把很多版本集合在一起对照来读。

4. 管理学知识

我认为管理学是一门发展得特别快的学科，现在还有必要看孔茨的管理学吗？其实未必。

管理学是处理当代人际关系的一门学科，所以它背后隐含的其实是领导力。就是假如你只有前面的那些国学、经济学、心理学知识，你怎么处理复杂的人际关系？

几乎人人都会在某一时刻陷入人际关系的痛苦当中。比如，不会带团队，不会向上管理，不会汇报工作，不会处理工作中的人际问题。这时候，我们就需要学习一些基础的理论，比如怎么去塑造共同的愿景；怎么通过沟通来开阔我们的沟通视野；怎么被人尊敬和信任；怎么给别人做反馈；怎么表扬；怎么批评；遇到别人情绪不好的时候，怎么舒缓对方的情绪。

学习管理学知识时，我觉得不需要读特别老的书，读最新的就好，像《非暴力沟通》《关键对话》《掌控谈话》《可复制的领导力》就是很好的书。

这都是很有效的、能够帮助我们掌控人与人之间关系的书。如果一个讲书的人自己本身不具备这个能力，那他传达出来的东西就很难具有说服力。

5. 逻辑学知识

读一点关于逻辑的书，在遇到问题时，你就能知道怎么去论证，怎么进行有效论证，怎么有效地提问，怎么去看逻辑推理上的漏洞。

这部分内容在"讲书的五种必备能力"一节也提及了，可以回顾。

6. 哲学知识

哲学可使人开阔眼界，提升认知层次。

假如你作为一个知识的传播者，每天脑子里想到的都是日常生活的鸡毛蒜皮，那你很难给别人带来更高层次的启发。

读了很多的哲学书以后,你才能超脱于现状。你所关注的问题太小,是因为你没有看到更高层次的那个问题。所以,这只能通过哲学来解决。我们是谁?我们从哪里来?到哪里去?这些是哲学的终极问题。

要了解清楚哲学的终极问题,你首先得了解清楚哲学当中有哪些重要的流派?有哪些人?柏拉图、苏格拉底、康德、黑格尔、维特根斯坦、萨特、海德格尔等。

我讲过的《生活的哲学》,其实就是一本很好的入门书。它让我们看到哲学给生活带来的改变。你想要下功夫的话,历史上有那么多了不起的哲学家,你可以读一读他们的书。

哲学与其他学科不一样的地方在于,大量的哲学观点就是在哲学史当中体现的。所以有人说过,哲学就是哲学史。但是哲学也可以被当作一门技术、一种工具。例如,分析哲学时,你并不需要知道康德是怎么说的,你也不需要知道黑格尔是怎么说的,你只需要通过哲学分析的方法,一步步地分析问题。所以它既有技术的层面,也有理论史的层面。

关于哲学的书,我推荐《学会提问》《思辨与立场》《哲学起步》。我不建议大家读《小逻辑》这样的书，因为太难了，不具备一定哲学学科基础的人很难读懂。

7. 人生经验

假如你在读一本书时，完全没有人生经验，你就会觉得它没意思，因为你不知道这本书在说什么。我为什么读《人生海海》？我觉得写得好。有的作家写书，他"需要"主人公死，他的目的是赚取读者的眼泪，于是便完全程式化地去安排每一个人的命运。

但是在麦家老师写的《人生海海》里，我发现，这里面的人怎么都死不了，总要顽强地活下去。虽然艰苦，但没有一个人会轻易地放弃自己的生命。人是非常顽强的，甚至最后书中的主人公疯了，他都没有死。实际上，你会看到，在现实生活当中，很多人发疯是一种自我保护，人发疯是对自己大脑的保护。如果你不保护大脑，可能就自杀了，就死掉了。他宁愿让自己疯掉，也不愿意选择死亡。

所以，《人生海海》里边有人"生而顽强"这个主旨。这就是人生的经验。所以如果你"看"过这个世界，你了解这个世界上不同的人是怎样生活的，当你看到一个人的生活当中出现了某种状况时,你就能够联系到这一状况与哪个理论有关,知道他需要哪方面的帮助。

前段时间,有一部热播电视剧叫《都挺好》。我在看这部剧的时候,就觉得这部剧的编剧深谙心理学和社会学,他用的几乎都是我讲过的书里边的那些知识。女主角苏明玉和她妈妈之间的非常典型的关系,在《母爱的羁绊》里就有充分的说明。她妈妈小时候是被这样对待的,所以长大以后就把自己受到的待遇,完全投射到女儿身上。

还有一本书叫《这不是你的错》,里面提到了原生家庭的"和解"。我们看到《都挺好》的结局就是和解,它一定是回归到对父母的感谢上来。这种处理方式很高级,只有与自己和解,与家庭和解,才能找到解决问题的钥匙。所以,如果你发现你读过的书跟现实生活能够产生这么准确的对应,那你就会觉得读书很有价值。

人生经验在读书的时候是很有效的一个帮助。比如看《科学史》《世界观》这样的书,我就能够看到整个人类是怎么样一步步地从蒙昧走到今天,每一个环节都是严丝合缝的,是在不断地向前推动。

人生的阅历怎么扩展呢?我的办法就是尽量扩展我的

生活界限，慢慢地就会意识到自己的局限在哪儿。人首先得知道自己的局限在哪儿，才能突破这个局限。意识不到的时候，你没法儿突破。只有生活阅历足够多，才更有可能发掘出突破的机会，才能让你突然意识到，在某件事上自己怎么这么幼稚，你对于某件事的观点竟然是完全错误的，所以被别人批判。

这种经历弥足珍贵。再配合上对知识的学习，最终达到知识和经验相结合的境界。人类自古以来的学习不就是知识、经验、感受？感受是你内在产生的反应，但是知识和经验是从外部学来的。我前面讲的那些都是知识，这部分是经验，所以这是很重要的一个组成部分。

关于以上这些基本素养，你不需要像学者一样钻研得很深，但是最起码得知道一些学科的研究方法。作为一个读书人，你要想很轻松地读懂每一本书，就需要涉猎很多方面，最起码在别人讲到某个话题时你不会感到陌生。这时候你就有积累，有判断了，不会看到任何一本书都觉得好得不得了。

见过世面，阅读足够宽泛，这时候你才能够淡定地对待每一本书，去发现每一本书真实的价值和优点。这就是我说的理解力的池子。当然，我还漏了法学、伦理学、生物学、历史……有人说，这些也很重要，今后我也会加强这方面的阅读。本书如果能再版，我会更新这部分的内容。

知识的自我反刍

要想把一本书读懂，还要养成读完以后总结的习惯。这个可能得益于我过去读的很多书都是为了讲课挣钱。我读完一本书，必须写个PPT，然后拿出去讲课，所以养成了这个习惯。

"樊登读书"最早的盈利模式不是讲书卖录音，而是卖PPT。把读过的书总结成一个PPT，这个方法非常重要。

后来我在讲《认知天性》的时候，就讲到知识的输出。为什么我觉得《认知天性》这本书让人豁然开朗？因为书中的观点是颠覆性的。它指出，最有效的学习方法不是一边读一边记笔记，也不是一边读一边画线。

这和我的学习习惯不谋而合。我读的书都很干净，没有什么线条痕迹。我是讲书之前才在书上画些标记，读的时候就认真读，全身心地感受它。

读完之后放下，给自己一段时间间隔。时间间隔大概为一周。一周时间也差不多忘了快一半。这时候一边回忆一边绘制思维导图，或者写 PPT。跟随回忆的过程，再去打开那本书，然后去翻摘抄，这样比边读边画线更有效。因为人的大脑经过了间隔，经过了回忆的挑战，对内容的记忆力就会更强。

曾经有好多人问我，为什么我读完书能记住？比如，现在拿来一张某本书对应的思维导图，我只要一看这图，就能讲出这本书的主要内容。因为它在我脑子里是有印象的。为什么读完书能记住？是因为我曾经挑战过自己，让自己做了一些令大脑不愉快的事。

拿笔在本子上画线是很愉快的事。因为你可能会觉得只要画过了，你就已经记住了这段文字。这个过程很愉快，你的感受是愉快的，但你的大脑没记住。因为这个过程没有挑战性。你必须把它放下，隔一段时间，挑战自己，回忆内容，这时候才可能记得住。然后做更进一步的挑战——把书讲给别人听。

把自己当作传授者也很重要。你见到人就可以跟别人讲，哪怕没有讲台，只有一个听众，也要跟他讲。比如"你知道牛顿的生平吗？我跟你说说牛顿的事吧。"然后张口就说，这样你的记忆才会不断加深。

要想更快更准确地读懂一本书，首先要建立一个理解力的池子，其次是要读一些比较难攻克的书，最后是养成读书总结的习惯。这是我的读书方法。

小 结

1. 读书要建立的底层积累：经济学知识，心理学知识，国学知识，管理学知识，逻辑学知识，哲学知识，人生经验。
2. 知识的自我反刍。
   - 阅读时尽量少画重点。
   - 读完后给自己一段时间间隔。
   - 挑战大脑，回忆全书，构思思维导图。
   - 把自己当作传播者，加深理解。

读懂一本书——樊登读书法

05

把书读薄：如何解构一本书

前面说过，每本书都有自己的使命，而读书的过程就是人为地弄清楚一本书解决了什么问题，抓住一本书的脉络和重点。不用担心，再复杂的书都有一个结构。但首先我想谈谈阅读需要规避的事。

阅读前需要摒弃的坏习惯

■ 字不认识，停下来？

我母亲是一位小学老师，她在读书的时候，发现有一个字不认识，就会去查字典。查半天，然后标上拼音，还写三遍。但是等她再往下读的时候，就发现那本书读起来没意思了。

阅读间隔会打破你阅读的乐趣和快感。古人有一句话讲"好读书，不求甚解"。这话其实有点道理。先把这本书大略看看，如果你完全不懂，完全不知道在说什么，那你就放下，这本书的知识暂时还不归你，跟你没缘分。如果大概能理解，你就先往下看。看完以后体会一下，你可能会恍然大悟——原来是这么回事啊。这时候，假如里边有些字不确切，不明白，你看完以后再去查一下是可以的，但是在一开始读的时候不要受到小障碍的影响。

■ 一边看书，一边玩手机？

有读者可能会问，有这样读书的人吗？

有，而且大有人在。你说他在读书，实际上他是这边读着书，那边拿着手机看，看一会儿读两句，再看。这是一定要避免的习惯。

点开手机看的那种感觉跟抽烟是一样的——上瘾。比如，你发了一个朋友圈。一看有 15 个评论。你一定会打开看。打开看过后，又多两个，再打开看。心理学家研究过，这种快感对应的脑部活跃区域，跟抽烟甚至吸毒的大脑区域是一模一样的。

我也喜欢刷手机，所以读一本书的时候，我得刻意把手机扔到一边去。在家时，我一般就把手机放在楼下，我自己躲到楼上，要想拿手机还需要下两层楼，这就是人为限制。所以，飞机和高铁上是非常好的阅读场所，因为手机的网络会受限制。

带着目的阅读 vs 自由阅读

读书有两种方法，一种方法是带着目的去读。例如，我不知道该怎么教育孩子了，这时候我就赶紧去把所有与教育孩子有关的书买来读一遍。再比如我前文提到的一所大学请我给学员讲压力管理的课，我从没讲过这个课，没办法，我就找了三本有关压力管理的书，回家读了一遍便给他们讲。之后，这成了我的品牌课程。

这就叫作带着目的去看书。带着目的看书的时候，你就需要了解一本书的框架和脉络。你得知道问题是什么，研究现状是什么，怎么解决问题，这里边最有价值的部分是什么，最有力的案例是什么，怎么论证的，最后对对方有什么好处。这是你自己有要学习的内容的时候的读书方法。

还有一种读书的方法其实是更令人享受的，就是没有目的的阅读。没有目的的阅读不代表没有价值。就像我读《有限与无限的游戏》那本书的时候，光看书名，我完全不知道这书是讲什么的。所以，我也不知道读这本书应该有什么样的目的。那么最好的方法就是沉浸在里边好好读，认真体会，看看这本书有没有冲击到你的心灵，看看你读完后是不是觉得很棒。这种感受会比带着目的读书更开心，因为它是更高级的一种探寻。

带着目的读书，往往读的是你舒适圈周边的东西。自由阅读则是突然跳到一个未知黑暗区域，你会慢慢探索这个未知黑暗区域，当你发现了一点亮光，它开始亮起来的时候，你又跳到更大的区域，又亮起来一点，最后，这些亮光集中在一起，全亮了，整个大脑变成了解放区。这种感觉特别令人愉快。当你能够找到不同的书之间的联系时，两种方法就殊途同归了。

现在的互联网学习方式有一个弊端——得不到意外的惊喜。一个学生跑回家问他爸爸："您知道我今天学到了什么吗？"他爸问："学到什么？""我知道世界上最大的肉食恐龙是什么龙，是霸王龙。"然后他爸爸问："第二大的是什么呢？""第二大的不知道。""为什么不知道？""老师没让我们查。"老师让查世界上最大的肉食恐龙是什么恐龙时，他只要在谷歌或者百度上一搜，他就能搜到答案是霸王龙。

过去没有互联网的时候，人们是怎么学习的呢？我们得去找一本关于恐龙的书，然后把书拿过来翻。我们会发现，第一大的恐龙是这个，第二大的恐龙是那个，就全知道了。

所以我们在阅读的时候，一开始不要有直奔答案的想法，先积累再精简。目的性太强，就减少了大量的脑力摩擦所带来的意外惊喜。

开宗明义：这本书解决了什么问题？

我们在阅读时，首先要搞清楚问题是什么。比如，大家说《论语》没结构，前后内容都不挨着，既没有一条时间线，也不是按照孔子的人生经历来写的，同时也没有一个进阶，全篇都是学生跟老师的对话。

但是如果你根据自己的理解给《论语》加上一条主脉络，它就很清晰。《论语》要解决的是一个人怎么安身立命的问题。

这时候你再去看《论语》，就知道书中的那些对话都有意义，你就能够知道把哪个对话放在什么地方。有的是家庭关系，有的是朋友关系，有的是和君王的关系，有的是和自己内心的关系。

所以任何一本书都会有一条主线。你在读一本书的时候，首先应该弄明白一件事：读完了，问自己，这本书要解决什么问题。比如《他人的力量》这本书解决了什么问题？人际关系的问题。书中提到，第四层人际关系是这本书的解决方案。

书里给出的解决方案是，你需要打造第四层人际关系，即我们要想办法借助他人的力量。这个问题的主题就出来了——既然有这个目的和意义，那么怎么找到他人的力量？他人的力量分哪几类？怎么利用好这种力量？

但像《反脆弱》这类书就比较难找到脉络，有的人可能一看到书名就蒙了。实际上，这本书解决的问题是如何从不确定性中获益。这句话又是什么意思呢，还有很多人不懂。什么叫从不确定性中获益？不确定性就是"黑天鹅事件"，黑天鹅事件是一定会发生的。有了这个前提以后，你就要知道，既然你人生当中的黑天鹅事件一定会发生，你就得随时想到如何把它变成好事，这就是在不确定性当中受益的能力，这个能力就叫作反脆弱，这是人生智慧。

不同的书的主题会出现在不同的位置。有些书是在我们读完之后，从整体出发才能发现它的主题。小说一般都是这样。我们很少看到那种刚读第一句就知道它的目的是什么的小说。

假如麦家老师在写《人生海海》第一句时就说这本书是关于人生的悲悯和顽强的，就不高级。假如曹雪芹在《红楼梦》开头就说每个人都有年轻时候的烦恼，让我们来看看贾宝玉这个人的烦恼，就没劲。作者要你慢慢地往里面挖掘，挖掘到最后你甚至怀疑这本书到底在说什么，这种困惑一直纠缠着你，到最后一刻，你恍然大悟，原来这本书在讲人生。

但工具类的书不一样，工具类的书一定要尽快让读者知道书的主旨，否则没人愿意花时间在这本书上。这类书的阅读目的不是消遣，不是娱乐，读者是要解决问题的。所以针对这类书，我们首先要在书中找到定义这个问题的句子。

我过去参加辩论赛的时候，辩论赛的一辩就是负责定义的。比如我们有一场主题叫"高薪能够养廉"，反方辩题是"高薪不能养廉"。一辩上来先定义，什么叫"高薪"，什么叫"廉",什么叫"养",什么叫"能够",全都要定义一遍。这里的任何一个概念定义不对,就辩不到一块儿去。

书也是一样,所有的论证过程一定是先从定义出发的。

对主题的定义一般放在第一章、第二章,一本书前面的部分多是用来下定义的。比如《幸福的方法》一书,作者首先定义了不同的人会有不同的幸福观,一共有四类,即现在幸福未来也幸福,现在不幸福未来也不幸福,现在幸福未来不幸福,现在不幸福未来幸福。

定义了一个主题或概念以后,才能够开始探讨解决方案。所以,再复杂的书,也应该首先看它是怎么定义问题的。

熟悉书的写作背景

其次,要看一本书的写作背景(有的书没有)。上大学写论文,很多人花费笔墨最多的地方就是"研究现状",尽管大部分不爱动脑筋的学生才会大篇幅地堆砌背景知识,但这部分内容其实是很有价值的。

关于书中的主题,相关领域的人曾经做过哪些讨论,哪些机构曾经做过研究，他们的结论是什么，有些书一定会这样写。有些书是没有背景叙述的，直接就跳到了解决方案上。比如《掌控谈话》，是一位 FBI（美国联邦调查局）的谈判专家写的，没有遵从标准的学术化的逻辑。这本书一上来就抛出了最有用的内容。

一本书的背景知识，能够帮助读者开阔眼界，让人们了解一个理论的前沿研究状态是什么，从而间接地认识到这本书的价值。

最有价值的部分：书中提供了哪些解决方案？

再次，就是一本书最有价值的部分：有哪些解决方案；或者这个故事是怎么发生的，变化的过程是什么。为什么我说"或者"呢？比如《苏东坡传》《列奥纳多·达·芬奇传》这样的书，书中叙述的就是过程，并没有解决方案。这些书并不是要解决一个问题，而是想告诉读者，书中的主人公一生经历了哪几个重要阶段，全文运用的都是讲故事的写作手法。

工具类的书在这个部分就是寻找解决方案。比如《思辨与立场》一书，讲完了主题的重要性以后，就开始讲怎么才能够获得思辨性、批判性思维，进而指出我们需要有思维的公平性、思维的勇敢性等，最后给读者罗列出很多的解决方案。

在这些解决方案的论证过程当中，需要用到大量的论据。什么是论据？比如统计数字、对比实验、长期跟踪的调查结果、大量的案例。这些都是书中很有价值的内容。

画龙点睛，一句话总结价值升华

书的最后一部分，一般来讲，会进行价值升华。什么叫价值升华？就是这本书的意义所在。这本书讲这个事的意义到底是什么？我们最后能够达成一个什么样的效果？作者希望大家读完这本书之后有什么样的感受？

我们原来参加辩论赛的时候，一辩负责定义，二辩负责讲逻辑背景，三辩负责讲事实和例子。到四辩的时候，开始总结陈词。为什么一般四辩容易得"最佳辩手"？就是因为四辩讲的全是意义，全是在拔高。辩论这件事，绝不是为了谁赢谁输这点得失，我们是为了深入分析问题的各个层面，以求找到解决问题的方向。

书也是一样。前面是定义的问题，然后解释清楚背景，中间一大块是解决方案的讨论过程，到最后一定是价值升华。

比如，你知道了怕死是人生当中最重要的心理驱动力，对你的人生有什么意义？你接下去会干些什么？你知道了亲密关系是基于你自己并不完整这一事实，婚姻不是一个人的事，于是你需要把自己的内心建设得更完整，这样一来，对你的婚姻会有什么好处？如果全社会更多的人知道这件事，对全社会的婚姻状况会有什么样的影响？

我们在读一本书的时候，首先要学会从书里提炼出问题，也就是书的使命，同时将它的价值进行升华。比如《论语》可以概括成很多门类的主题，有人用来论证家庭关系，有人用来论证职场关系，有人用来治理国家，还有人用来论证心理学问题。半部《论语》治天下，就在于它的主题是宽泛的，是普适性的。这就是我们说的价值升华。

牛顿在《自然哲学的数学原理》中写了几个公式，你发现它在所有的地方都用得上，整个自然界最底层的规律被他总结出来了。这就是说，你先找到问题，然后去看它的现状，再去看作者解决问题的方法，最后看全书论证的过程。这样，结构就清晰了。

我们再看看《西游记》的结构。《西游记》的主题是什么？取经？克服种种困难，勇敢向前走？我们可以说书的主题是克服困难吗？那就变成为了克服困难而克服困难，这样对不对呢？不对。其实《西游记》的主题是普度众生。《西游记》开头是大闹天宫，要注意，大闹天宫不是这本书的主题，大闹天宫是为交代人物性格。就跟好莱坞三幕剧一样，第一幕出来一定是一个跟情节没什么关系的故事，展示的是这个人的能力和性格。

所以《西游记》第一幕大闹天宫是为展示孙悟空的能力，告诉大家这个人是齐天大圣。然后真正出现问题的是唐僧。唐僧发现有大乘佛法，认为自己只会小乘佛法是不行的，他现在需要去把大乘佛法取回来，这是他要解决的问题。他要去完成自己人生的使命，就是把经取回来，普度众生，这是他的核心目标。

把主题理顺了以后，接下来是什么呢？就是九九八十一难，也就是我前面讲的过程，故事一个比一个精彩。

取经回来之后再翻一个包袱，把经书掉到河里边，再开心一下。最后每个人各安其位，斗战胜佛、净坛使者一个个都要诸神归位。所以《西游记》这么复杂的一部作品，它其实也是有主题的，也有论证的过程，这样思考就容易读懂。

我最近讲了一本书叫《有限与无限的游戏》。乍看这本书，真的没有主题，因为它每一句话都是独立的，前后都不挨着。但实际上它的主题很明确，一开始就告诉你这个世界上有两种游戏——有限游戏和无限游戏。

首先定义什么是有限游戏。所有玩游戏的人都渴望游戏结束，游戏结束，获得奖励，获得头衔，实现永生。无限游戏呢？游戏不结束，玩家的任务是让游戏不停地玩下去，这就是定义的区别。

玩有限游戏的人玩的是游戏，玩无限游戏的人玩的是边界。

苏东坡玩的就是无限游戏。跟苏东坡不对付的章惇，玩的就是有限游戏。因为章惇的目的是整"死"你，他要当宰相，最后他就当了宰相。但是苏东坡是不管自己在哪儿，都要活得快乐，活得精致，所以它变成了一个无限游戏。

直到今天，你会发现，苏东坡的思想一直活着。这就是有限游戏和无限游戏的区别。

我后来终于看明白，《有限与无限的游戏》全书就是从社会生活的各种层面来论证有限和无限的。大到政治层面、法律层面、艺术层面，小到个人生活层面、家庭层面，书中展示了各个层面上的有限游戏和无限游戏的表现方式的不同。作者到最后写了一句特别狠的话，说"世上有且只有一种无限游戏"，令人回味无穷。

图书画线有学问：什么才是精华？

前文说过，我和一位朋友都解读《从0到1》，他发现自己画的重点跟我画的重点完全不一样，他老爱画那种名言警句，而在我看来这些都不是重点。

那么，什么才是一本书真正有价值、值得记录的内容呢？这是一个很关键的问题，我总结了8条评判标准。

1. 当你感觉概念被清晰界定的时候，一定要记下来

比如《反脆弱》这本书。我在讲反脆弱的时候，举了几个例子：把玻璃杯扔在地上会摔碎；把铁球扔在地上不会摔碎，但是它也没什么好处；把乒乓球扔在地上会弹起来。这三种分别代表什么？玻璃杯摔碎，是在不确定的事发生的时候受损；铁球不变，是在不确定的事发生的时

不变,这个叫坚固。

但它们都不是反脆弱。什么是反脆弱呢?就是在不确定的事发生的时候反而更好,这才叫反脆弱。

这就是界定概念。当你在一本书里面读到这样的内容,把一个主题界定清楚的时候,一定要记住它的手法和这个概念本身。

2. 当你感觉问题很严重的时候,要记住它

为什么这部分是有价值的?如果你在读书的时候都没有觉得问题很严重,那又怎么说服别人读呢?每本书里边强调问题很严重的部分,往往是作者的着力点,它会让你觉得这本书太值得看了。

比如《增长黑客》。《增长黑客》里有什么地方让你感觉到问题很严重?是低成本地实现爆发式增长。我把书中Airbnb(爱彼迎)的例子告诉听课的企业家,企业家就觉得问题很严重,人家怎么那么快,人家的预订量怎么能够一个月增长6~7倍,而我们一年连20%都增长不了。

《清单革命》一上来就告诉你,开飞机手忙脚乱的时候,没有清单就很容易酿成大祸,造成生命和财产的巨大损失。

《掌控谈话》一开始就描述了一个生死攸关的沟通场景——人质被劫持。这时候你会发现，如果沟通水平不行，会有人死。所以沟通是一件非常重要的事情。在这个场景下你更能体会到沟通的重要性。这部分内容是你要记录的，因为这部分很有价值。如果你把这部分内容遗漏了，大家会觉得你讲的可有可无。

　　再比如《苏东坡传》有什么问题很严重的部分？这是一本人物传记，说实话，它本身没什么急迫性、重要性。但是我在讲这本书的时候，会强调苏东坡对我们每个人的影响。如果你不读这本书，你的文学水平就属于比较低的层次。比如没有人不知道"日啖荔枝三百颗，不辞长作岭南人"，如果你不知道，那就去读《苏东坡传》吧。

　　在我读过的书里，我特别欣赏阿图·葛文德，他写的书就和没受过学术训练的人写的书有天壤之别。他是医生，又是畅销书作家，还是白宫的医改顾问。他写的书几乎是标准化的，前两章一定让你觉得他说的事太重要了。比如《最好的告别》，上来说每个人人生的最后那一关是怎么过的，大部分的人都是因为摔了一跤，然后离开人世的，等等。你立刻就会将此跟自己的生活联系起来，觉得自己迟早都有这一天的。所以当你觉得问题很严重时，你就马上想要进入内容里去。

中国大概有 2 000 万阿尔茨海默病患者。在北上广深的人可能没有这样的感觉。北上广深基本上是年轻人的世界，老年人毕竟少。我回西安过年时，走亲戚，发现很多人家里都有阿尔茨海默病患者。我走一圈亲戚下来，心情特别糟糕，我们家的长辈，一个个全老了。

我便联想到曾经讲的《谷物大脑》一书。书里的一个观点是，面食吃得太多，就容易导致阿尔茨海默病。我是陕西人，我们那边很多人家里都有阿尔茨海默病患者。这就是《谷物大脑》里提到的健康问题的严重性。

所以你在看这本书的时候，里边一定有这方面的论述。一定要留意这本书提出的严重后果，把它记下来。

3. 当你感觉某种解释令你很意外的时候

有一本书叫《这书能让你戒烟》。我不抽烟，所以我对这本书无感，觉得这书可讲可不讲。后来一位朋友推荐给我，他抽烟时间很长，居然用这本书里的方法成功戒了烟。

他引用的书里的一句话把我打动了，于是我决定讲这本书。他说，戒烟最重要的是不要调动毅力，如果你调动毅力，那你肯定戒不了烟。这跟我的认知完全相反。我过去认为，戒烟不就是靠毅力吗？不是。这本书强调说，戒烟是轻松的、愉快的。如果你动用了毅力去戒烟，那么证明你潜意识当中认为抽烟是一件好事，你只是抑制住自己不要抽。

等一两个月之后，你觉得自己坚持了这么久，就要奖励自己一根烟——这就又一次吸烟了。只需要 20 多天，人就可以摆脱尼古丁的控制。但是一旦你复吸，习惯就又恢复了，而且更顽固。这就是你戒烟总是失败的原因，因为很多人都是使劲儿忍着。

我看到这儿就很好奇，戒烟不靠毅力靠什么呢？他说，靠的是认知。你必须彻底认识到抽烟有多糟糕，清楚地知道抽烟对肺的伤害，对心血管的伤害，对大脑的伤害，对周围人的伤害，等等。

知道了以后，你就会把它视作一双磨脚的鞋子，你受得了每天穿一双磨脚的鞋子吗？肯定受不了。所以你会像脱掉一双磨脚的鞋子一样戒烟，让自己一下子畅快。这时候你看到别人抽烟，你可以凑过去，看着他——过去戒烟的人一看到别人抽烟就受不了。现在你可以满怀悲悯地看着他，觉得他真不容易，还在抽烟。当你把这个逻辑理顺了以后，你会觉得书中的内容很有道理。我把这本书讲完后，果不其然，大量的人来电、来信，说他们通过这本书戒掉了二三十年的烟瘾。

当一本书里出现了让你意外的东西，这是最令人兴奋的，而且弥足珍贵，一定会给你带来新的启发。

4. 当你看出递进关系的时候，这部分很重要，值得记录

好多人看书不敏感。为什么大家不知道书的重点在哪儿，或者不知道层次是什么？因为你根本没有注重递进关系。

一般来说，一本书会先解释大范围的问题，接下来探究一个细节，再接下来会深入研究和剖析它背后的含义。

上面这句话里有很多表示递进关系的词。如果你仔细分析，就能看到内容的层层递进，越挖越深，这就是递进的结构。

当你能够在一本书中读到这种递进的结构，读到它在不断往里边延伸的这种感觉的时候，每一个递进的点都需要记下来，否则的话就容易错过要点。一环扣一环，你少了一环就连不上了。

关于这一点，我感触比较深的是《世界观》一书，《世界观》这本书真的是层层递进的。

作者从亚里士多德开始铺垫，会首先和读者说世界观绝对不是一两句话就能说清的，世界观是一个完整的拼图。亚里士多德要解释这个世界，他所肩负的责任很重大。

亚里士多德提出的理论要融入我们的日常生活，形成完整的拼图。为什么我们会接受这个观点却反对那个观点？这里的答案叫"融贯"。"融贯"一方面是个人的融贯，另一方面是集体主义的融贯。

《世界观》那本书里写道，很多人有时候接受一个东西并不是因为它是科学的，而是因为它可以跟我们以往的认知关联起来，形成整体。它跟我以往的认知不矛盾，所以我接受它。这就是自我的融贯。还有人接受一些观点是因为那些观点跟社会上大家的认知是一致的。这就是集体的融贯。

但是这两种方式都很容易导致偏见。《世界观》一开始论述了亚里士多德是怎么构造整个人类的世界观的，论述完这件事后就开始叙述人类如何走向科学。从托勒密到哥白尼，从哥白尼到第谷，从开普勒到伽利略，然后伽利略启发牛顿，之后从牛顿到爱因斯坦，再到量子力学，全书的内容层层递进。随着科学的发展，越来越精彩，越来越深入。

所以，如果你在讲这本书的时候，不想讲第谷，很遗憾，这是不可能的。因为如果不是第谷提供了全套的观测结果，开普勒就无法提出他的第一定律、第二定律、第三定律。开普勒没有第一定律、第二定律、第三定律，牛顿就不可能去算椭圆形上面的运动周期。它一定是一步步递进的。

所以当你在一本书里读到递进关系的时候，这里的内容一定是这本书的精华。

5. 当你看出转折关系的时候，要留意转折后的内容

以《苏东坡传》为例。

《苏东坡传》中典型的反转有这么几个。苏东坡一开始顺风顺水，一路走过来非常荣耀。然后第一个转折出现了——乌台诗案。如果没有乌台诗案，苏东坡可能会一辈子轻狂下去，会一直不知天高地厚地讽刺、挖苦别人。

乌台诗案的发生给了他一次人生教训，这才有苏东坡在黄冈的那段生活。他后来从黄冈回到京城当官又是一次转折。

苏东坡的人生当中有几次这样的转折，由顺境到逆境，再到顺境。所以我们从书中看一个人的人生经历的时候，这种转折点一定是精彩所在。人们在转折点上肯定是经受了很多的痛苦，纠结反思后人生才会升华。

如果我们在书中读到了转折点，或者读到了观点上的

反转，这部分一定要详细读一读，要分析情节是怎么发生转折的，这是很重要的内容提取点。

6. 不同侧面彰显书籍内在价值

有的书的结构是递进关系；有的书的结构是提出一个主题，然后用不同侧面去印证和展示这个主题。比如《清单革命》和《心流》两本书。

《清单革命》提出了"清单"这个概念以后，就开始分别论证在不同行业里怎么使用清单。

《心流》也是。第一章描述了"心流"的定义，接下来就是在生活的各个方向和层面上列举心流的应用，比如在体育运动、艺术创作、商业开创、生活方式等层面上如何应用。

展开具体写应用性的时候，读者往往能在里面捕捉到有价值、有意义的应用，这些内容是需要记录下来的。

7. 当阅读的时候感受到心灵冲击

这一条就见仁见智，没有太多标准和逻辑性了。有可能是读这句话的时候，你感觉很痛苦，内心震动了一下。

比如我读《活好》一书时，书的内容是作者跟一位百岁老人的对话，没有实验也没有数据，但是书中让我心灵产生冲击的地方很多。

当你看到让你怦然心动的内容，被震撼，深受启发的时候，这样的内容就值得保留下来。如果把论证和逻辑比喻成一本书的"骨架"，那这些产生触动的内容就是书的"肌肉"。"肌肉"就指精彩的文字，精彩的故事。

8. 书中的奇闻逸事，增添讲书的趣味性

发现特别有趣的小故事时，你也可以留心记录下来。不为别的，就为好玩儿。比如《苏东坡传》中提及，有段时间，苏东坡生活得很拮据，他就每个月在房梁上挂30串钱，每天出门就取下一串用作当天的花销。这个故事没有太大的人生意义，也没有递进关系，就是一件发生在苏东坡身上的小趣事。

我们在讲书的时候，可以有意识地搜集一些小故事，把这些有趣的故事留下来，讲书的时候就不会太枯燥。

以上是我归纳的读书要点，虽然不一定科学，但我认为这8种内容素材，是每个人在读书的时候，脑子里边要提醒自己注意的。每看一段，就要想想这里面有哪几类是值得保留的东西。这时候你会发现，书里可讲的东西变得越来越多，留下来的精华也是一本书最有价值的部分。

其实所谓的"讲书"，就是取舍的过程。作者写书时肯定觉得自己写得都对，他的东西都很重要，于是出版人把它全保留下来。但在讲书的过程中，我觉得这里边未必都重要，比如内容有重复，有不太精彩的内容，就要把它删掉。我们要给别人留下精彩的部分，让大家觉得这本书是经过"科学瘦身"的。

小　结

1. 阅读前需要摒弃的坏习惯：阅读切忌间断，藏好你的手机。
2. 放下目的心，增加阅读过程中大脑的摩擦。
3. 如何解构一本书：这本书提出了什么问题？写作背景是什么？书中提供了哪些解决方案？一句话总结升华。
4. 读书笔记有学问，8类文字提升阅读质量。

读懂一本书——樊登读书法 ✕

06

内容的再创作：
如何组织一个讲稿

接下来我们看如何组织一个讲稿。

讲书前要了解的两大原则

■ 以书为据，别跑偏

猎豹网的创始人傅盛是一个很挑剔的读书人。有一次，他跟我说，他在"樊登读书"和别的平台间做了很长时间的取舍。他的办法就是在"樊登读书"上选一些他读过的书，然后听我讲得如何。

他认为，讲书人讲的确实是这本书的原貌，他才会听。他也听过很多其他平台的讲书，讲的根本就不是书里的东西。

那天我见到著名投资人王刚，他是投资滴滴出行的传奇投资人。他告诉我说，我的讲书改变了他的学习习惯，让他的学习效率提高了很多倍。但他说他不喜欢王阳明，因为他曾经在其他平台听过一位老师讲王阳明，他听完了觉得王阳明没有传说中的那么厉害。我建议他再听听"樊登读书"上讲的王阳明。他听完说，王阳明还真了不起。

我提到这些事件并不是为了吹嘘自己讲得多好，或者"樊登读书"比其他平台更优秀。而是想说明，同一个内容，不同的人，不同的视角，会产生不一样的讲书效果。

我坚持的一个原则是，讲任何书都尽量不要夹带"私货"，也就是不能延伸特别多自己的东西，因为这样你就背叛了这本书，耽误了听众和读者。

既然选中了一本书，首先你就要尊重它，要以它为核心内容，要遵循图书的结构。我在讲书的过程中，除了在开头和结尾的部分加入一些技巧性的串语，剩下的核心内容一定是依据图书的脉络而来的。

■ 讲书是再创作，而不是单纯摘要

创作和摘要是两回事。把所有要点画下来，然后从头到尾念一遍，这叫摘要。

"樊登读书"的主编慕云五老师说过一个概念，他说

"樊登读书"是"化学讲书",而其他很多人讲书是"物理讲书"。这里面的区别是什么?物理讲书就是把内容片段摘下来,拼在一起,这种解读图书的方法意义不大。化学讲书就是重新创作。

我们之所以需要讲书,需要听书,就是因为看原文的时候,有的读者读不懂;或者有些文字过于书面化,读起来很累;或者原文是外文翻译过来的,略显生涩。我把讲书比喻成"中文翻译成中文",把原文读不懂的中文转换成简单好理解的中文。

切记,讲书的过程一定不是念原稿,也不是删节版原稿。讲书是再创作的过程,是用自己的语言使它通俗化以便于大家理解的过程,所以你可以加入很多创作的东西在里面。

读到这儿,很多读者会说,那这一条跟上一条矛盾了。前面说我们要尊重书,怎么现在又说要创作呢?实际上,不矛盾。前面说的尊重是指准确地理解这本书的意思,并不是说不能加一些生活案例,加一些联想的内容。比如你举的案例和书中的主题无关,你表达的观点就跟作者想要表达的完全不一样,这就代表你没读懂。

我讲过一本书叫《复杂》,出版社的人都觉得这书讲不了,没人能把这书讲明白,因为太复杂了。但我从那本书里读到了非常重要的东西，我觉得我们这个社会现在最大的问题就是缺少复杂性科学思维。我觉得没什么难的，于是就把那本书讲完了。出版社的人听完说，我讲的就是原文的意思，而且比原文清楚多了，最重要的是能听懂。我想，这是讲书的价值，也是我们这些讲书人讲书的意义所在。

讲书和当老师有异曲同工之妙。

我上学时，有一位数学老师，教我们几何代数。第一节课，这老师一进教室就拿着圆规画了一个圆，然后开始画切线，一直不说话，就只画图。然后等他把整个黑板全部画完了以后，下课了。

我们全部呆住了，完全看不懂。后来这位老师被学校解聘了，好像他这辈子也没能再成为中学老师。为什么呢？他没有对教学知识进行"再创作"。他就觉得，这还用讲吗，这么简单，一看图就明白了。

我发现，越是优秀的老师，越有同理心。他能感受到别人的知识盲区，破除"知识的诅咒"。他能预判到别人可能听不懂某些知识点，于是用一种降维的方法讲给别人听，使其明白。

我有一次在山东演讲，遇到一件很感动的事。有一位80岁的老奶奶，从德州一大早赶高铁跑到淄博参加我的线下活动。我问老太太为什么这么大年纪还跑来听演讲,她说她不识字,但是她儿媳妇给她办了一张卡,让她听我讲书。她说她以前不会带孙子,老跟家里人为这事吵架。后来听了我讲的很多关于家庭关系的书,现在特别会带孙子,而且也会沟通了,她现在和孙子、儿媳妇的关系都处得特别好。

以上是关于讲书前必须要了解的两个原则。听起来有点矛盾,实际上不矛盾。首先要尊重原文,但同时一定要创作,要把它变得更加容易被别人理解和接受。

原文和再创作的比例及尺度

那么,如何确定哪些话可以创作,哪些话一定要用原文呢?我的标准是,尝试一下有没有更好的表达方式。

■ 原文写得好,把它念出来就好了

如果一段原文不容许出错,要保持科学性,或者一段原文写得很美很有诗意,就可以严格按照原文来念,但要控制比例。如果通篇引用原文,大家就不用听你讲,去看摘要就好了。虽然我还没有摸索出一个固定的比例，但照搬的情况最好不要超过原文的 10%。

我一般会选书里精彩的总结性语句做结尾。因为每本书的作者在写结尾的时候都下足了功夫，一般都写得很精彩，很有诗意，所以我会把结尾拿出来做我们整本书的解读收官。

■ 利用故事把一个道理讲清楚

如果你有更好的表达方式，能更平实地把一个道理讲清楚，那你就讲故事。换句话说，就是再创作。

但要切记，这种创作一定不能加入个人化的判断性的解释，因为你的判断不是作者的判断。用"樊登读书"会员的话说，你注水太多了。讲书的时候，尽量不要做评论，不要加太多自己的观点。这样讲书才更有依据。

有一次，我看听众的评论时，一位听众说："樊登老师，您那个地方讲得不对。"我就跟他们讲，原文确实是这么写的，假设错了，那可能是作者写的时候出了点偏差。

再创作的过程中，个人的观点和论证方式，或者联想、举例等延伸的内容，最终的目的都不是证明自己正确，而是为了证明书中的观点。只要把这个原则记住，就不容易"注水"。

■ 切忌改变书中的观点

规避了"注水",还有一个我最担心的问题——改变书中的观点。

明明书里边不是这个观点,解读的时候人为地换成自己的观点。如果想发表这样的见解,也不是不可以,但一定要明确说清楚这是你的观点,跟书没关系。或者说你基于这本书,进行了一些个人思考,供大家参考。

这个补充性的说明是非常重要的。在论证的方式上,我们可以做一些变化,但万万不能改变书里的观点。书里的那些案例,如果你觉得很好,那就留下来。如果你觉得生活中能够找到更贴切的,也可以换个案例。比如工具类的书,我在讲书当中一般都会加上自己的案例,这样大家更容易听明白。但最终落脚的论证不能偏。

■ 遵循原书逻辑,有目的性地侧重

前面说过,一般书的写作是遵循一定逻辑的。但我们讲书的时候,一开始为了吸引听众,可能从第五章的某个小节就切入了。那接下来有的人会问,讲书是按照吸引力

高低的顺序进行，还是按照章节的顺序进行呢？

我的建议是，在整个论述的过程当中，最好按照章节顺序进行。

讲书最重要的步骤是构建坡道

我看完每本书之后，都会绘制一幅思维导图，绘制思维导图最难的是第一笔。这第一笔也是最有意思的，我把它叫作"坡道"，这个坡道完全是根据自己对书的理解建立的。构建坡道的时候，你可以用书里的内容，可以用自己的经验，也可以用自己的故事。

一开始建立坡道很难，因为这个坡道往往决定了整本书的解读方向，也会影响讲书的思路。下面我就分享一些建立坡道的原则和方法。

■ 建坡道的时候，你可以用书中最打动人的一个点入手

构建坡道最主要的目的是让听众从一开始就重视这本书，让听众觉得这本书有意义。

以《掌控谈话》为例，我的坡道写的是"有些谈话，你不得不掌控"。比如书里的谈判专家，经常要处理人质事件，他几乎每次都能把赎金从 30 万美元谈到 5 000 美元，成功率超过 90%。延伸一下，我们就会发现，生活中充满谈判行为的场景，虽然严峻程度不同，但每个人都可以学习《掌控谈话》里的方法。

接下来，我会讲这本书里最打动我的一个点。比如《掌控谈话》这本书为什么打动我呢？我们过去学的所有谈判类的书，都是强调让对方点头，希望对方说"好"。但是这本书的作者做了多年 FBI 谈判专家，总结出来的经验是，你一定要想办法让对方说"不"。这时候，对方会有掌控感，会觉得这次谈话他并没有让步，反而说了好多次"不"。这时候你就要趁机往前推进，推进的结果是一步步地解决这个问题。

作者的这个思路让我脑洞大开，这也呼应了我前面写的，如果书里的内容让你觉得意外，耳目一新，那这些内容就值得被记录下来。

■ 一上来就抓住别人的注意力

很多人在开场的时候，喜欢先客气客气。我也有过类似的经历，但我发现，只要讲书的人有一点点客气，都会影响效果。比如我讲《国史讲话：春秋》那本书的时候，开场第一句，我说："今天我硬着头皮讲这本书……"

这就是"废话"。首先，你是不是硬着头皮跟听众没关系。其次，听众会说，既然硬着头皮，那你干脆别讲了。我们会觉得自己得客气一下，谦虚一点，但听众感受到的是你的不自信。你对自己讲的内容都不确定，那我们为什么要听你讲呢？

所以一开始要直击主题，把最有价值的内容放在最前面讲。什么是最有价值的内容？比如最棒的故事、最棒的案例、最具颠覆性的新知，还包括生活场景的代入。

比如《增长黑客》一书。我第一句话就讲它的意义：这本书解决的是如何低成本实现爆发式增长。然后开始举例说明，用了书里面 Airbnb 的故事。

> Airbnb 创业者在初期发现，网站的访问量很大，但是订房的很少。他们发现大量的人在打开页面以后，一看到房间的照片就退出了。
>
> 原来，房间主人只是用手机随手拍了些照片，而这些照片并不能真实展现出房间的舒适度和空

间情况。但实际上，房间的真实体验远远好于网站上面的描述。

随后，他们雇了一支专业的摄影团队，亲自上门把纽约范围内的所有房东的客房进行了高水准的拍摄包装。经过专业拍摄宣传的房间，截至当月月末统计的预订量足足比上月翻了2~3倍，公司的利润也直接翻倍。

讲完这个精彩的故事，加上各种数据和事实的铺陈，我最后告诉大家说，不要担心，我们从这些案例里可以总结出一套方法论，就是《增长黑客》的核心工具。这样就吸引着听众听下去，同时逻辑是非常顺的。

把最珍贵、最核心的部分放在最前面讲，这才是正确的做法。有人会说我要藏着这个包袱，最后再把包袱抖出来。千万别这样，你这样做其实是高估了听众的耐心。听众一定是先重视，才能听得进去，越听进去才会越重视。

■ 从哪里找到坡道？

有些坡道直接从书里来。比如《清单革命》，一上来就是几个惊心动魄的故事，直接用这个当坡道就可以了。

有些坡道是以生活场景代入的。比如《即兴演讲》开篇时，我就问大家，你有没有遇到过一个说话语无伦次且没有重点的人？如果你不希望自己成为那样的人，那么你要不要读一下《即兴演讲》？

有些坡道是出其不意的。比如《这书能让你戒烟》。我先不讲内容，而是说为什么今天要讲这本书，因为这本书给我最大的震撼就是戒烟竟然不需要用毅力。我相信你们对这个也会很好奇，那么接下来我们就一起看看为什么不用毅力就可以戒烟。

有的坡道比较难找，就需要制造一些亮点。比如《活好》是一本作者与百岁老人的谈话录，非常具有挑战性。它没有工具，也不是哲学书，更不是什么理论书。怎么建立坡道去引起别人的重视呢？

我当时就想到了一个问题——在你的生活中，你有没有机会和一位百岁老人交谈？如果你在人生当中有机会和一位百岁老人交谈，他跟你畅谈他的人生经历，你愿不愿意听？

这句话讲完，大家就会觉得这有点意思，因为大多数人确实没有跟百岁老人聊过天。接着我会讲我认识的一位百岁老人——叶曼先生。讲我和她谈话后得到的感悟。大家听到我的收获，就会愿意继续听下去。接着再过渡到《活好》这本书，就很自然了。

所以这就是我说的构建坡道的过程。每次我绘制思维导图的第一笔时，我就觉得讲书开始了。总之，开篇就要抓人。开篇的这一分钟，一定要让别人觉得他得把这书听完。

选取重要章节，陈述整体结构

建立完坡道之后，就需要总结关于这个问题的背景信息，比如学术讨论的现状，科学进展的阶段。拿比较典型的《增长黑客》举例。这本书的写作方式是，先告诉读者要打破"传统的筒仓"。虽然一上来说"打破"，但实际上是在介绍大多数企业的现状。现状就是，有大量的公司是层层汇报工作，等到你汇报到总裁那儿，机会已经错失了。

接下来作者说，我们需要做的是从组织架构上打破筒仓。所以在正文开始以后的背景一般是研究现状、具体的方法。比如，好产品是增长的根本，要做快节奏的试验，确定增长的杠杆。然后接下来就具体落实到不同方面：获客、激活、留存、变现。到结尾是升华，提出全书核心概念：与鲨鱼为伍——不断更新。

这本书的总体结构就出来了，很清晰。

《掌控谈话》也是。开篇坡道是"有些谈话，你不得不掌控"。之后就要介绍关于谈话的基本特征和模型。接着，作者提出了一个假设，即在所有的谈话当中，人都是非理性的，所以谈话的关键是知道怎么转化问题。比如你问我要钱，我不是不给你钱，你得告诉我为什么我要给你钱。然后给对方营造掌控感，令对方懈怠，然后用你的心对付他的脑子，这是这本书的基本背景。

把坡道讲完了以后，接着论述背景，再接下来进入正文。所有的书到了正文部分，应该都不困难了。对待正文，很重要的原则是，对每一个部分都要给予充分的论证。充分的论证是指什么？就是我们说的实验数据、案例、故事。

当然，在这个过程要有所取舍，把有价值的素材放在前面，对同类的内容做归纳和合并。比如讲《心流》的时候，它里面提到了心流在很多方面的体现和应用。涉及的方面很多，如果事无巨细地讲，最后大家听的全是重复的。

我们就要把很多同类的内容合并起来，形成一条主线，做取舍。

所有的正文部分都是重点。重点部分讲完以后，就到了结尾部分。在结尾处，我喜欢前后呼应。我最喜欢的案例是《列奥纳多·达·芬奇传》。在开篇的时候我提到了啄木鸟的舌头，留了一个悬念，直到结尾的部分才揭开谜底，说啄木鸟的舌头是旋转着插进鼻孔的。

这跟《列奥纳多·达·芬奇传》有什么关系？没关系。跟听众有什么关系？也没关系。但这正是"纯粹求知的乐趣"，恰好呼应了这本书的主题，最后能够升华这本书的内涵。

如果光看了《列奥纳多·达·芬奇传》，最后没有人告诉你纯粹求知的乐趣，说明没有人最后把这个主题提炼出来。在结尾部分，首先，我希望能够有感召力，让人听完这本书以后，有点那种跃跃欲试，想要去做点事的感觉。然后，结尾要能够起到总结的作用，最好还能有点诗意。因为前面都是用理性的方法在不断地论证，不断地解释，最后我们用一两句诗做一个结尾，给人一种诗意的浪漫感觉。

这就是组织整个讲稿的过程。

要不要写讲稿或书摘？

前面说过，我在讲书的时候只需要一张思维导图，建立坡道，然后一步步地延展下去，最后收尾。很多人在演讲（包括讲课）的时候，喜欢写稿子，但我建议大家锻炼自己不要去写稿子。

观众也好，听众也罢，你让他们拍个电影谁也拍不出来，但是他们看电影的时候就特别聪明，一看就知道这是不是一部好电影。同理，听众也是非常聪明的，只要听出来你在背稿子，他立刻就失去了兴致。

所以我们不要被稿子限制住，尽量把思维导图的架构绘制出来。在绘制思维导图的过程当中，你会发现，每个分支上写的字并不多，但是每一个字都能够提醒你一大段的内容。比如写一个"1993年银行劫案"。在准备的过程中，你就要把案件整体回顾一遍。每一个提示都是有效的，思维导图上的字才会尽可能地少。

也有比较复杂的思维导图，比如我绘制的《苏东坡传》的思维导图，字就特别多。因为这本书都是故事，逻辑性不强，如果不熟悉，就得记足够多的内容。

还有一种情况是，在讲书的时候需要引用大量的原文。

这时候你不用都写在思维导图上，只要备注出来引用段落在原书第几页，然后在书中标记出来，讲到的时候翻书去念，观众是完全能够接受的。

最后说一说绘制思维导图的工具。我是纯手工绘制的，就是用一张纸，一支笔。当然，现在有很多绘制思维导图的软件，我也尝试过用软件，但最终还是回归纸笔，因为我觉得用手绘制记得更牢。打字的那种感觉，没有经过纸笔的处理，就容易遗忘。

小 结

1. 任何知识传播都不能跑偏，以"一手"知识为指导原则。
2. 优秀的老师都要二次创作，而不是单纯摘要。
3. 知识输出的时候，照搬原文的表达不要超过10%。
4. 能用故事说清楚，就不要枯燥地讲道理。
5. 解读一本书，重中之重是构建你的认知坡道。
6. 构建坡道的几个关键步骤。
7. 选取重要章节，陈述整体结构。
8. 锻炼自己不要写讲稿。

读懂一本书——樊登读书法

07

开口讲书，还需要做这些准备

每次到了讲书的现场，我都会坐在桌前，把绘制出来的思维导图再看一遍。为什么我不在家看呢？其实这来自小时候考试前养成的习惯，都是"发卷子"前再复习一遍要点，这样很有效。

复盘思维导图，重新熟悉内容

我坐在那里看思维导图的时候，心情是特别平静的，不会去管周围的人在干什么。看思维导图也讲究方式方法，我的经验是从最有价值的核心点开始复盘，向外围蔓延。

我前面讲过，每本书都有一个使命。那么你手上这本书的使命到底是什么呢？它是怎么解决问题的呢？——这就是向外蔓延的过程。所以你要始终抓住最核心的价值点，抓住这本书最打动你的地方。

既然决定要讲一本书，一定是你喜欢这本书，它一定有一个点打动你。那么，仔细地、有针对性地想想：一本书某个点打动了你，那么它是怎么论证这一点的？一共有几个角度？一共有几个递进关系？一共有几个例子？讲了什么故事？援引了什么数字？做了什么实验……

在讲书前捋一遍思路，你会发现整本书就浮现在脑子里了。你复盘思维导图的过程其实就是你帮助自己由内而外梳理内容的过程，这是讲书前整理思路的一个过程。

调整心态，讲书不为取悦听众

讲书要调整好心态，不要取悦听众，要有平常心。我一般都抱有一颗"送礼物"的心态。虽然耽误听众很多时间，还有人专程从外地坐飞机来听我讲书，但是我觉得讲书是为了送听众一份礼物。

你会发现，在生活当中，如果你特别想取悦某些人，反而得不到他们的心。人和人之间都有一种奇妙的缘分。你最应该做的事是淡定，踏踏实实地怀着热情，把这本书里最有价值的内容送给对方，你们之间的缘分自然就建立起来了。

有上千万用户在听"樊登读书",我们没有刻意地取悦过任何人,我们没有说一定要讲到使听众心花怒放。我认为不需要有这种预设。一本书只要值得讲,知识本身就足够支撑起来了。只要听众听到这个,就会喜欢。

一个人私心杂念过多,他做事情的状态一定不正常。我现在回看自己早年间的讲课视频,就发现那时候讲课跟现在的状态不一样。我现在讲课基本上不需要暖场,也不需要刻意让大家高兴,不需要刻意让大家都喜欢自己。

但那时候不一样,我是个年轻老师,谁也不认识我。讲台底下坐的都是陌生的面孔,甚至是有些冷漠、历经沧桑的面孔。这时候我就特别希望他们能够放松,能够喜欢我,所以我就会花很大的力气去想办法取悦他们。

我现在看到过去的自己都觉得不舒服,怪怪的。但我知道,从取悦听众到收放自如,这中间是一个非常不容易的过程。一个人从心虚走到淡定,回归到平淡,其实是很难的一件事。

后来我有幸与一些真正的大师对话,就发现他们都是平静且坚定的。一次,我跟曾梵志聊天(曾梵志是很有名的画家,一幅画恨不得卖一亿元),就感觉到他浑身都散发着淡定的气场。虽然他也听我讲书,也很喜欢这种学习方式,但他与别人的对话方式中丝毫没有要取悦别人的意思,我们的沟通就非常平等。

我也和世界正念大师卡巴金聊过天。他时刻都处在一种"正念"的状态中跟你聊天,这种状态是需要用一辈子去慢慢修炼的。一个人的心态和气质需要慢慢培养,不用着急。

在讲书之前,你只要想清楚第一个环节就好。想好第一句话,就能顺着坡道讲好第一个段落。万事开头难,只要开始,就会很自然地往下进行。即便紧张,忘记了下面的内容,也没关系,这时你可以看一下思维导图,实在不行查一下书,这都很正常。

只要调整好心态,很多小问题都会迎刃而解。

聪明地和听众互动

关于台风,我的理解是,这不光是要消除紧张的问题,还要看能否迅速转换角色,能否处理突发事件,能否接受听众的反馈。这和讲书人的素质密切相关,尤其是最后一条——爱。

为什么爱很重要呢？站在台上特别紧张的人，往往是因为缺乏爱。小时候内心缺乏爱，所以他才会过度地希望从别人那里得到肯定，得到爱。从亲密关系的角度切入，就能很好地理解这件事。如果内心缺乏爱，在台上就会把大家无意的走神、接电话的行为，都视作是一种对自己的冒犯。一句话，你们都不爱我。

要想深层次地解决上台紧张的问题，就要从心理的角度进行自我调适。有一些简单的方法可以借鉴，比如先尝试在台下找一些面善的人，或找那些愿意跟你互动的人互动。因为台下总会有一些愿意积极互动、愿意主动为你鼓掌的人。我们可以先从他们身上去吸取一些能量，慢慢获得自信。

很多人说，我得练得特别熟练，台风特别稳，才能开口讲书。但问题是，只有你开始讲，才能不断地进步。在台上的练才是真的"实践"，在台下的练叫"模拟"。所以，勇敢地迈出这一步就已经成功了一半。

有些演讲培训倡导大家去刻意地建立心理优势，我是不太赞同的。比如，有的教练告诉学员，上台的时候就把底下的听众看作大白菜，然后你就会特别放松。我觉得这种方式很好笑，而且不高级。

你的价值不取决于别人对你的评判，你的价值取决于你自己——这是最重要的心态。李中莹有一次上课，开场的第一句是："我从来都不比任何人差。"第二句紧接着是："我也不比任何人强，我们大家是平等的。"这两句话一讲完，大家都觉得这个老师很有深度，很厉害。

至于你讲得好不好，那是另外一回事。任何人都值得被别人尊重，都可以站在讲台上。当然，咱们尽量不要浪费别人的时间，要讲自己认为最有价值的内容。

对方比你认知水平高，你该如何讲书？

你觉得是新知的东西，怎么能确定它对于听众来说也是新知呢？这种怀疑会使得演讲者心里忐忑不安。

我一开始讲课的时候，底下坐的全是企业的强人。我给经营企业的人讲怎么经营企业，这得有多大的压力？讲的过程中，我发现，这些企业家知道的事情也会有局限性。虽然他们经营企业非常成功，但是他们听我讲科学原理，讲知识点，仍然很有收获。

你可能会觉得对方的认知水平比你高，比你厉害，你讲的内容对他们来说都不新鲜了。其实不需要担心，因为每个人都有知识盲区，所以你讲的内容是能够弥补他们的某些不足的。

另外，我还发现一个特别有意思的事情，真正听过很多课的人，在听课的时候，他反而会找到新的灵感和收获。越爱学习的人，越不会说他全部都掌握了，他们一定是虚怀若谷的。

渐渐地，实践的次数多了以后，我们对内容会建立起敏感性，会大概知道用户对哪一块内容比较关心，会有什么样的反应。你逐渐会站在听众的角度思考问题，预判效果，这就是同理心。

如何提高语言组织能力

有的读者会说，我教的方法他都学会了，他知道如何解读一本书，也能绘制出思维导图，但是他讲的书为什么别人就不爱听呢？听众听着容易走神，或者连他自己都觉得没信心，这怎么办呢？我只能跟大家说说我自己是怎么做的。

我的训练方法是，首先要看很多优秀的电影，从那些电影里面去学习人物讲话的节奏。好的电影里的人物的表现力是很强的。比如《勇敢的心》，我们在辩论赛的时候天天看电影，《勇敢的心》可能是我看过遍数最多的电影。

1997年，我上本科四年级，在西安人民广播电台做了一档节目，叫《电影30分》，每天花30分钟的时间讲一部英文电影。那时候我每天自己一个人到演播室，把英文的电影录音扒下来，然后翻译成中文，放一段英文讲一段中文。

这个过程当中，我就能够从这些很有表现力的电影人物身上学到很多演讲的节奏、演讲的方法。还有什么是高级，什么是低级；什么是不伤害人的幽默，什么是讽刺人的挖苦。

所以，要学习好的电影、好的相声、好的演讲，然后进行科学的练习，不断迭代自我。谁都不是天生就会讲课的，我也一样。我今天用的语言模式，所谓的套路或各种包袱，都是在刻意练习中积攒的。只有积攒得足够多，人才能产生创造力，形成自己的风格。

不断地拓展认知的边界

读书，要学会不断地拓展认知的边界。我有句口号，叫"先学再有兴趣"。为什么要先学再有兴趣？我见过特别多的朋友，他们会说我喜欢什么方面的内容，才去读什么样的书。

当你局限于只读一种书，并且一直这么读下去的时候，有时候会错过更多的好东西。因为你没心思，所以从来都不会去看。但有可能你尝试了，就会激发起新的兴趣。

比如到今年（2019年）以前，我几乎没有读过科学史的书，可以说一窍不通，也不感兴趣。但是当我硬着头皮把《世界观》读完了以后，兴趣大增，觉得这种书太有意思了。每个人都一样，我也不例外，但如果没兴趣就不去做，那我们可能一辈子都不会获得新的知识。

先学再有兴趣，你的心才可能撕开一个"知识的缺口"。当你打开知识的缺口时，你才能够发现新的知识。

我最近讲了一本书叫《能力陷阱》，这本书告诉我们，我们很多人特别容易陷入自己的专长。因为擅长做这件事，所以使劲做这件事，越使劲做这件事，就越擅长做这件事。到最后，你会发现你已经陷在自己的人生局限里了。尤其是管理者，总喜欢替员工解决问题，到最后成了全公司解决问题的能手，但是公司最需要的战略方向你却没有确定。所以不要陷入能力陷阱当中。

你需要拓展自己的认知边界，经常去读一些自己不想读或者不常读的书。就像别人给我推荐《有限与无限的游戏》的时候，一开始我不知道怎么读，因为它没有逻辑，没有论证。但是读进去之后就觉得它很好，它是完全不一样的写作方式。所以我希望大家能够拓展自己的认知边界，慢慢把自己变得更丰富，这样才能不断解读各种类型的书，并且把知识传播给更多的人。

小　结

1. 复盘思维导图，拯救人类记忆曲线。
2. 去除私心，沟通的控场能力从调整心态开始。
3. 善用"知识的诅咒"，给比你厉害的人讲课。
4. 语言能力靠积累，多看电影、演讲和相声。
5. 小心存量技能，不断丰富自己的书单。

读懂一本书——樊登读书法

08

学会绘制思维导图，掌握知识输出方法

在前面的内容里，有一个词出现频率很高，那就是"思维导图"。

对很多人来说，读完一本书都很困难，更何况是看完之后把一本书讲出来。我不仅要讲出来，还要把每本书都讲得很清晰，而且保持这样稳定质量的输出四年多，我是怎么做到这一点的呢？

答案是掌握一套思维导图构建方法，我认为这是一种高效的"知识输出法"。我每看完一本书之后都会用思维导图将其进行梳理，这种方法在知识吸收上很有优势，一是看起来非常清晰明了，二是动笔写过的内容更容易在大脑中获得长期记忆。

当然，每个人的思维方式不一样，绘制的思维导图也就会有差异。各位读者可以参考我的方法，逐渐掌握一套属于自己的阅读输出方法。

"樊登读书"思维导图绘制法

我绘制思维导图通常有以下几个特点：

一、准备工具

A4 纸一张、黑色水性笔一支。

二、绘制技法

1. A4 纸横放。
2. 主题写在正中间。
3. 用线连接。
4. 纯文字型思维导图。
5. 一般写 7~10 个主分支（如果有比较琐碎的知识点，可以单独在纸边记录）。

三、在绘制该书思维导图时主要有两种思路

1. 根据书本的章节结构进行划分。
2. 根据自己读完之后所理解的内容进行重新解构（这

个方式更难,更考验一个解读人的水平)。

四、我构建思维导图的语言有两个特点

1. 用自己的语言描述

思维导图里面很多的话语并不是全部照搬书籍里面的内容,而是我自己的理解。

2. 有自己的解读逻辑

作者写书有自己的一套逻辑,按照部分、章节进行排列。但是我可以根据自己对于书籍的理解,进行重新解构。

以上四点是我绘制思维导图时的特点和习惯,这是我经过实践,总结出的针对图书阅读非常有效的方法。

我们可以对比一下读书思维导图和思维导图发明人东尼·博赞的经典思维导图有什么异同。

一、相同点

1. 结构相同

都是从中心到四周的结构,中心主题往下分一级分支,

再分二级、三级分支。

2. 布局相同

都是横放的纸张,这样阅读起来符合人眼的水平分布的特性。

二、不同点

1. 线条差异

博赞的经典思维导图的线条是由粗到细的流畅曲线,我的读书思维导图的线条就比较简单。

2. 颜色的差异

经典思维导图的颜色比较丰富,读书思维导图的颜色只用到了黑色。

3. 图像的差异

经典思维导图有比较丰富的图像,有代表中心主旨的中心图,也有周边的用来解释说明的小插图,而读书思维导图是纯文字型的。

4. 关键词的差异

博赞的经典思维导图鼓励大家用关键词来概括自己要表达的意思,关键词可以是从文中挑选出来的,也可以是自己概括总结的。而读书思维导图有关键词也有句子，处理比较灵活，没有被关键词束缚住。

总结：思维导图的绘制风格没有好坏之分，找到适合自己的才是最重要的。我们看一张思维导图应该要看最核心的部分，比如逻辑结构、绘制思路等。这些才是真正能够反映一个人学习能力的关键要素。

经典私家思维导图大公开

"樊登读书"成立6年多，累计读了300余本书。下面我挑选了几张有代表性的思维导图与大家分享，其中很多都是第一次公开亮相。希望读者能通过这几张思维导图，领会思维导图绘制的要点和我解读一本书的大致思路，然后摸索出一条适合自己的思维导图绘制之路。

励志心理类

《即兴演讲》

《即兴演讲》思维导图手稿

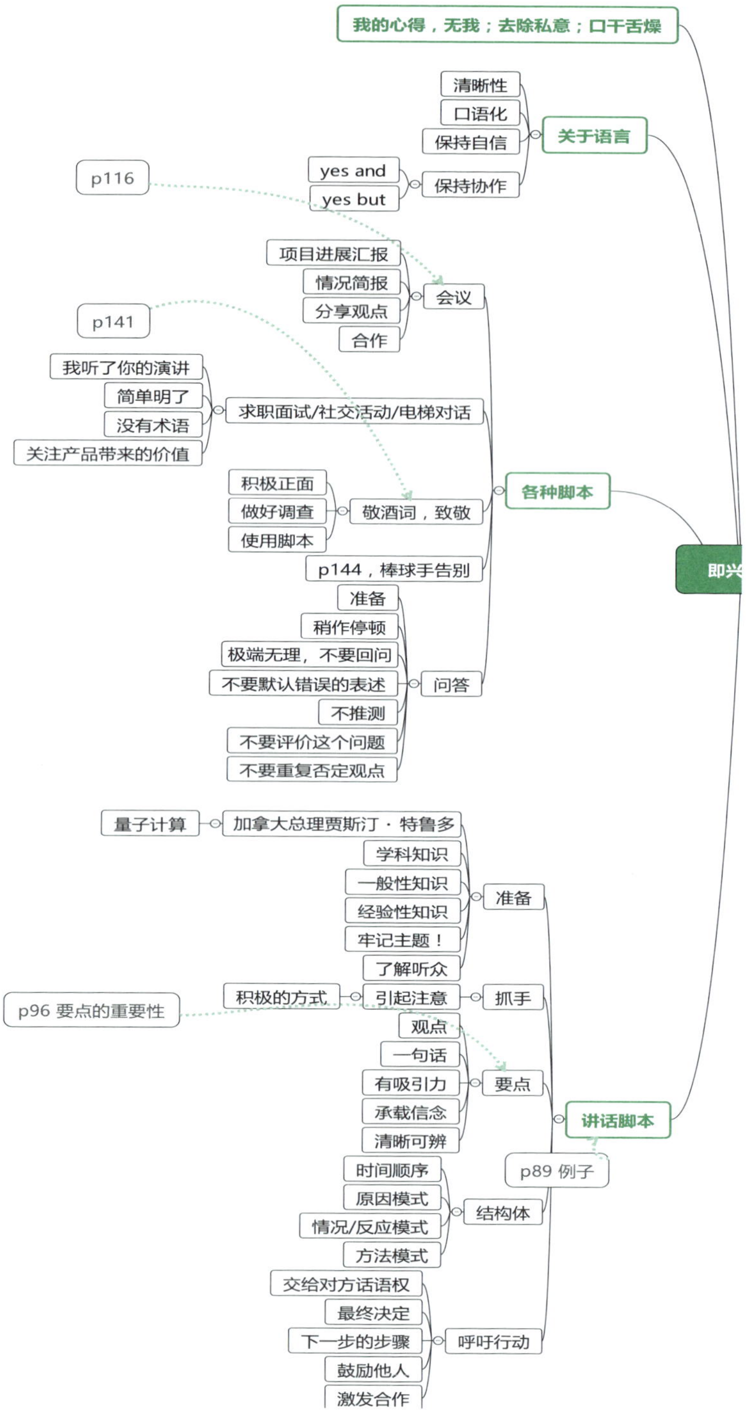
即兴
我的心得，无我；去除私意；口干舌燥
关于语言
清晰性
口语化
保持自信
保持协作
yes and
yes but
p116
各种脚本
会议
项目进展汇报
情况简报
分享观点
合作
p141
求职面试/社交活动/电梯对话
我听了你的演讲
简单明了
没有术语
关注产品带来的价值
敬酒词，致敬
积极正面
做好调查
使用脚本
p144，棒球手告别
问答
准备
稍作停顿
极端无理，不要回问
不要默认错误的表述
不推测
不要评价这个问题
不要重复否定观点
讲话脚本
准备
加拿大总理贾斯汀·特鲁多
量子计算
学科知识
一般性知识
经验性知识
牢记主题！
了解听众
抓手
引起注意
积极的方式
p96 要点的重要性
要点
观点
一句话
有吸引力
承载信念
清晰可辨
p89 例子
结构体
时间顺序
原因模式
情况/反应模式
方法模式
呼吁行动
交给对方话语权
最终决定
下一步的步骤
鼓励他人
激发合作

演讲

你有没有遇到过一个语无伦次、没有重点的人？或许你就是
- 被问到关于某件事的意见时
- 求职面试
- 和员工聊天
- 在电梯里遇到领导

即兴=准备
- 做好准备
  - 丘吉尔年轻时
  - 特斯拉
  - 理查德·布兰森
  - 巴菲特

我们进入了即兴交流的时代
- 组织的扁平化
- 科技的力量
- 交流的碎片化

学会即兴交流的好处
- 大量的机会
  - 拉里·佩奇
  - 每天20个领导时刻（洛克希德·马丁）
- 更好的合作和决策
- 拉近关系（真实、可信）
- 提升你的魅力

首先要改变思维
- 拥有领导意愿
  - 想要感染他人的欲望
  - 注意场合
  - 语言准确，自信
  - 充分获得注意力
  - 有价值的谈话
  - 建立关系也很重要
  - 麦克风始终开着
- 善于倾听
  - 身体
  - 大脑
  - 心
  - 金老师的案例
- 保持真实
  - 专注
  - 想法
  - 信念和价值观
  - 感受
  - 脆弱
  - 故事
- 保持尊重
  - 雅虎
  - 007
  - 组织
  - 管理者
  - 同事
  - 自己

《掌控谈话》

《掌控谈话》思维导图手稿

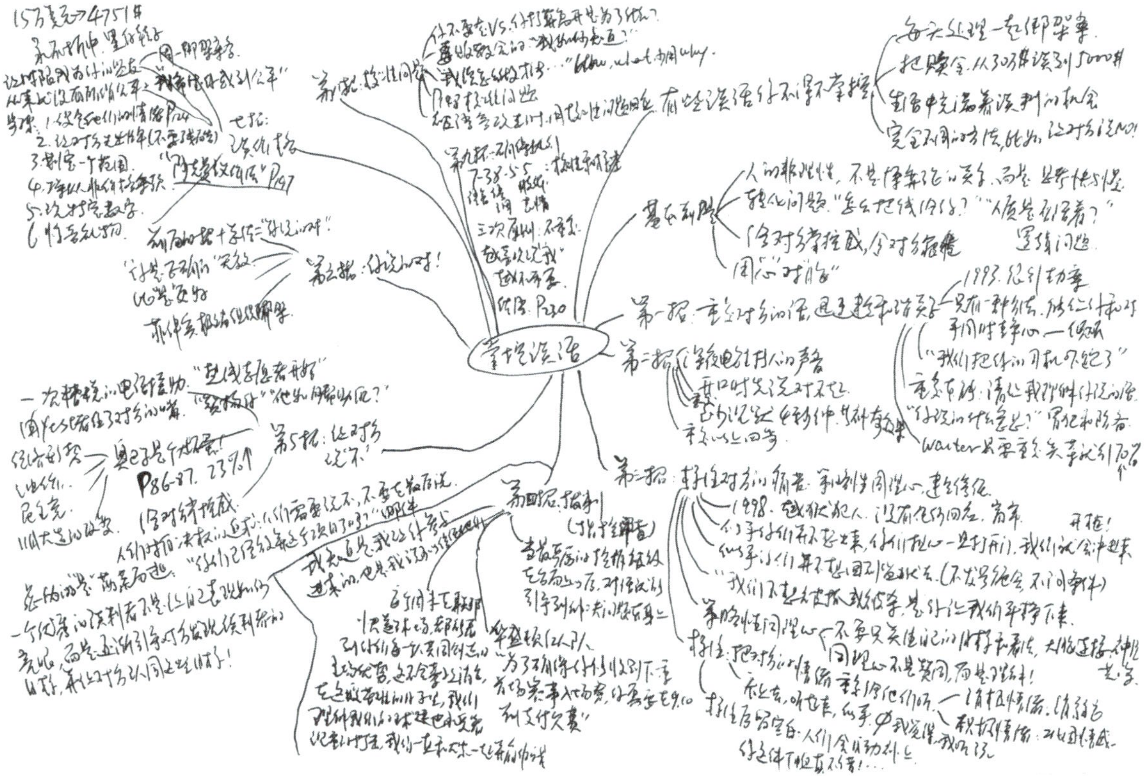

《掌控谈话》

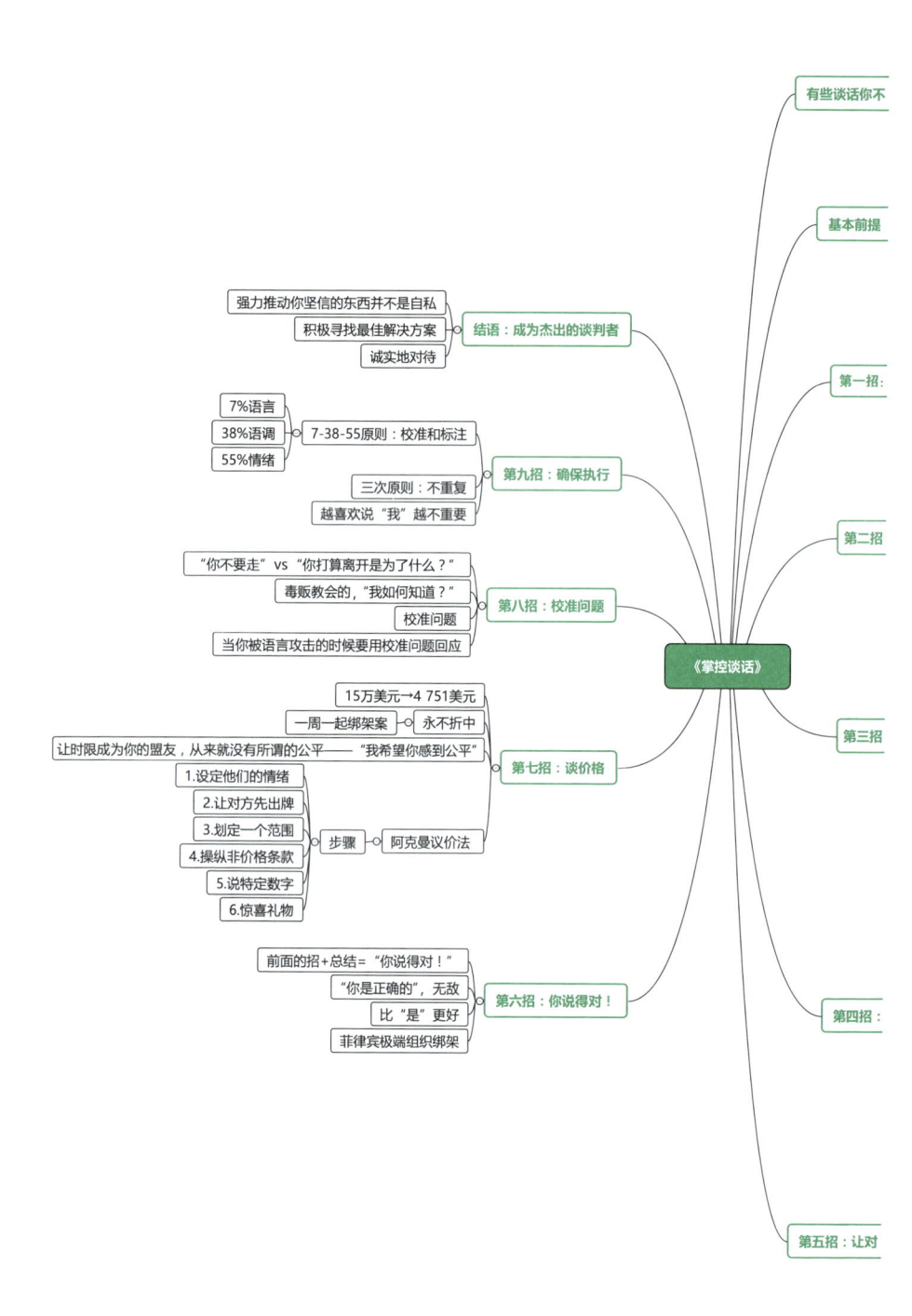

- 有些谈话你不
- 基本前提
- 第一招
- 第二招
- 第三招
- 第四招：
- 第五招：让对

结语：成为杰出的谈判者
- 强力推动你坚信的东西并不是自私
- 积极寻找最佳解决方案
- 诚实地对待

第九招：确保执行
- 7-38-55原则：校准和标注
  - 7%语言
  - 38%语调
  - 55%情绪
- 三次原则：不重复
- 越喜欢说"我"越不重要

第八招：校准问题
- "你不要走" vs "你打算离开是为了什么？"
- 毒贩教会的，"我如何知道？"
- 校准问题
- 当你被语言攻击的时候要用校准问题回应

第七招：谈价格
- 15万美元→4 751美元
- 一周一起绑架案 — 永不折中
- 让时限成为你的盟友，从来就没有所谓的公平——"我希望你感到公平"
- 步骤 — 阿克曼议价法
  1. 设定他们的情绪
  2. 让对方先出牌
  3. 划定一个范围
  4. 操纵非价格条款
  5. 说特定数字
  6. 惊喜礼物

第六招：你说得对！
- 前面的招+总结＝"你说得对！"
- "你是正确的"，无敌
- 比"是"更好
- 菲律宾极端组织绑架

得不掌控
- 每天处理一起绑架案
- 把赎金从30万美元谈到5 000美元
- 生活中充满着谈判的机会
- 完全不同的方法,比如让对方说"不"

- 人的非理性,不是博弈论的关系,而是思考快与慢
- 转化问题,"怎么把钱给你?""人质是否活着?"(逻辑问题)
- 给对方掌控感,令对方疲倦
- 用"心"对"脑"

重复对方的话,迅速建立和谐关系
- 1993年银行劫案
- 只有一种方法能让你和对手同时静心——倾听
- "我们把你的司机吓跑了。"
- 重要原则:请让我理解你说的话
- "你说的是什么意思?",冒犯和防备
- 服务生只要重复客户点菜就能多拿70%的小费

:深夜电台主持人的声音
- 开口时先说"对不起"
- 说完话后等4秒钟就有神奇效果
- 重复以上步骤

:标注对方的情绪,策略性同理心,建立信任
- 1988年,越狱犯人,没有任何回应,窗帘
- "似乎你们并不想出来,你们担心一旦打开门,我们就会冲进来开枪!"
- "似乎你们并不想回到监狱去。"(不发号施令,不问条件)
- "我们不想被抓或被杀,是你让我们平静下来的。"
- 策略性同理心
  - 不要只关注自己的目标和看法,大脑连接,神经共鸣
  - 同理心不是赞同,而是理解!
- 标注:把对方的情绪重复给他们听
  - 消极情绪,削弱它
  - 积极情绪,巩固情感
  - "听上去,听起来,似乎"√
  - "我觉得,我听说"×
  - 标注后留空白:人们会自动补上 —— 你这件T恤真不错!

拔刺(质控审查)
- 当最严厉的控诉被放到台面上,对话就能引导到解决问题上
- 华盛顿红人队 —— "为了确保你能收到下赛季的首场赛事入场券,你需要在9月10日前支付欠费。"
- "每个周末,在联邦快递球场上,都能看到你们每一个人共同创造的主场优势,这不会蓦然消亡,在这段苦难的日子里,我们理解我们的球迷也在承受着沉重的打击,我们一直都和大家一起并肩作战。"
- "我知道是我让你参与进来的,也是我说可以信任他们的。"

方说"不"
- 给对方掌控感
- 一次糟糕的电话援助用"是"堵住了对方的嘴 —— "热线志愿者开场""赞扬你""他能帮助自己?"
- "奥巴马是个大坏蛋!" 23%↑
  - 经济形势
  - 油价
  - 民主党
  - 11月大选的改变
- 总是说"是",落荒而逃,"你们已经放弃这个项目了吗?",邮件
- 满足人们对于自决权的追求,人们需要说"不",不要最后说"不"
- 一个优秀的谈判者不是让自己表现得如何亮眼,而是逐渐引导对方,发现谈判者的目标,并且让对方认同这些目标。

认知学习类

《认知天性》

《认知天性》思维导图手稿

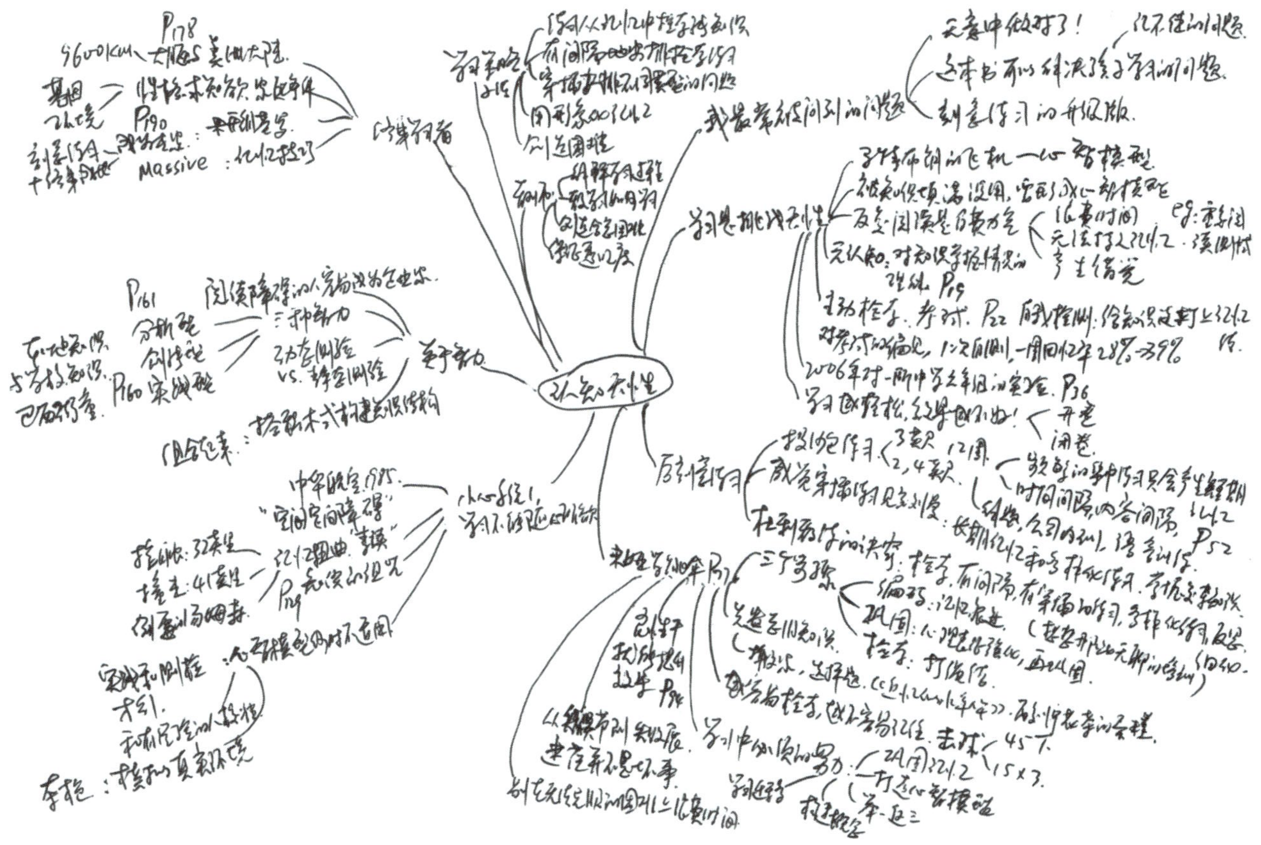

《认知天性》思维导图

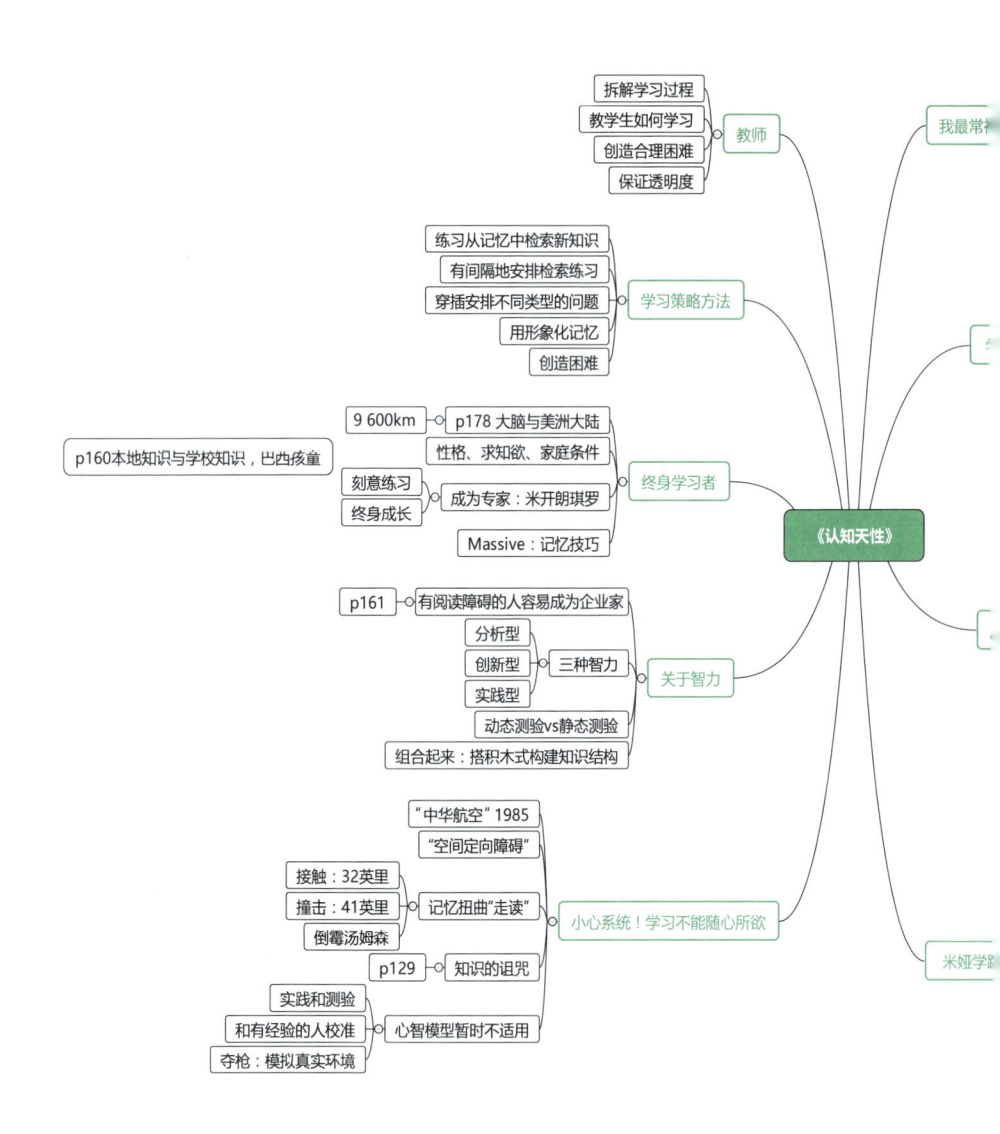

教师
- 拆解学习过程
- 教学生如何学习
- 创造合理困难
- 保证透明度

学习策略方法
- 练习从记忆中检索新知识
- 有间隔地安排检索练习
- 穿插安排不同类型的问题
- 用形象化记忆
- 创造困难

终身学习者
- 9 600km
- p178 大脑与美洲大陆
- 性格、求知欲、家庭条件
- 成为专家：米开朗琪罗
  - 刻意练习
  - 终身成长
- Massive：记忆技巧

p160 本地知识与学校知识，巴西孩童

关于智力
- p161 有阅读障碍的人容易成为企业家
- 三种智力
  - 分析型
  - 创新型
  - 实践型
- 动态测验 vs 静态测验
- 组合起来：搭积木式构建知识结构

小心系统！学习不能随心所欲
- 记忆扭曲"走读"
  - "中华航空" 1985
  - "空间定向障碍"
  - 接触：32英里
  - 撞击：41英里
  - 倒霉汤姆森
- p129 知识的诅咒
- 心智模型暂时不适用
  - 实践和测验
  - 和有经验的人校准
  - 夺枪：模拟真实环境

（右侧分支：我最常…… / 米娅学……）

问到的问题
- 无意中做对了！
- 这本书可以解决孩子学习的问题 — 记不住的问题
- 刻意练习的升级版

习是挑战天性
- 马特·布朗的飞机 — 心智模型
- 被知识填满无用，要形成心智模式
- 反复阅读是白费力气
  - 浪费时间
  - 无法持之以恒
  - 产生错觉
  - （比如，重复阅读测试）
- 无认知：对知识掌握情况的理解 — p19
- 主动检查：考试 — p22 自我检测：给知识链打上记忆结 — 对考试的偏见，一次自测，一周回忆率28%~39%
- 2006年对一所中学三年级学生的实验 — p36
- 学习越轻松，效果越不好！
  - 开卷
  - 闭卷

刻意练习
- 投沙包练习
  - 3英尺，12周
    - 频繁的集中练习只会产生短期记忆
    - 时间间隔，内容间隔 — p52
  - 2英尺，4英尺
    - 练题，公司内训，语音训练
- 感觉穿插练习见效慢 — 长期记忆和多样化练习，掌握复杂知识
- 杜利教练的诀窍：检查，有间隔，有穿插的练习，多样化练习，反思，细化

伞p77
- 三个步骤
  - 编码：记忆跟进（想想那些无聊的培训）
  - 巩固：心理表征强化，再巩固
  - 检查：打绳结
- 先遗忘旧知识
- 潜意识，选择题，《追忆似水年华》，酸柠花茶的蛋糕
- 越容易检查，越不容易记住，击球
  - 45下
  - 15x3
- 学习中必须做的努力
  - 巩固记忆
  - 打造心智模型
  - 举一反三
  - 构建概念
  - 学习迁移
- 良性技能提升效果 — p94
- 迷茫并不是坏事
- 别在无法克服的困难上浪费时间

《OKR工作法》

《OKR工作法》思维导图手稿

《OKR

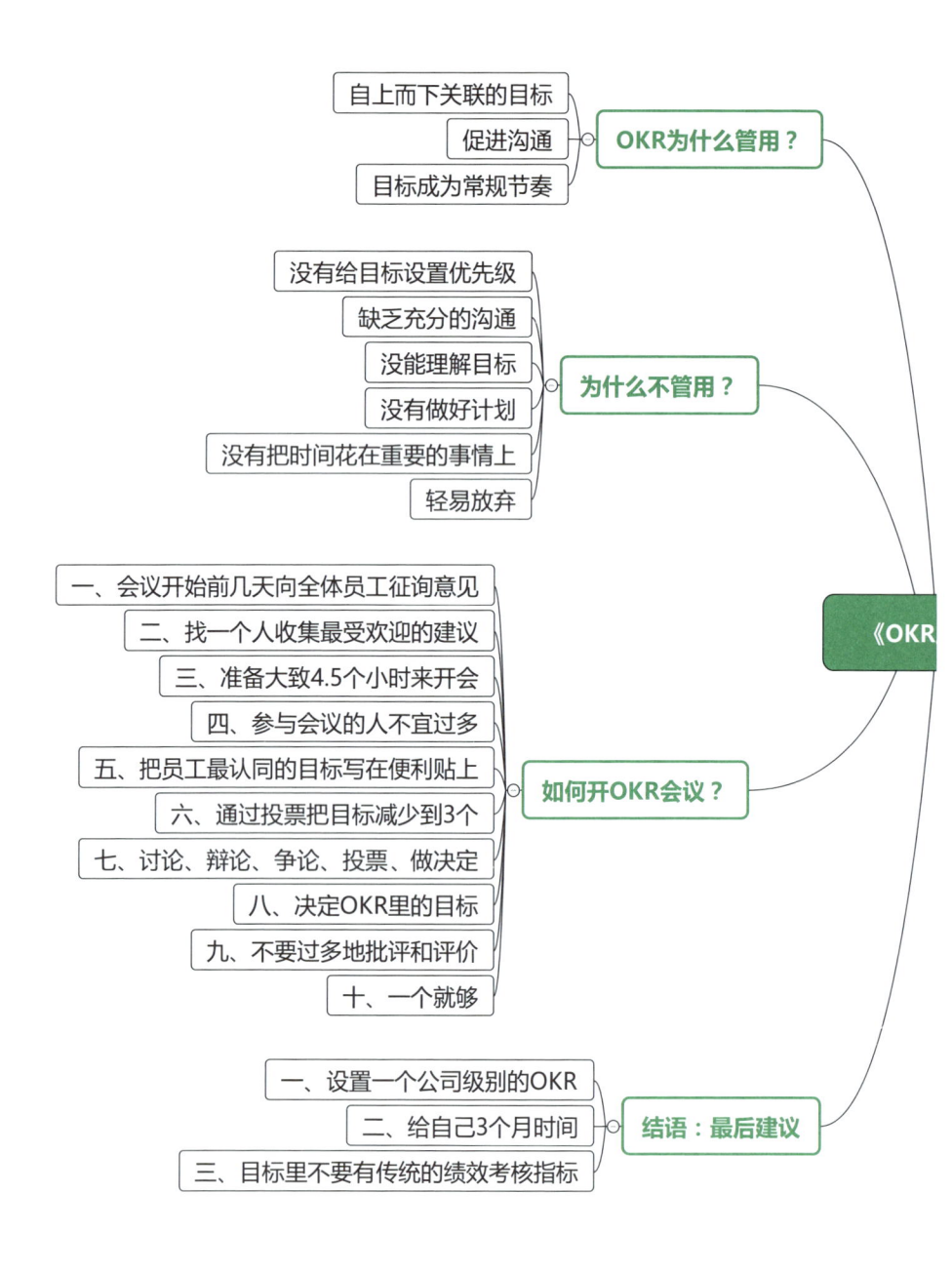

OKR为什么管用？
- 自上而下关联的目标
- 促进沟通
- 目标成为常规节奏

为什么不管用？
- 没有给目标设置优先级
- 缺乏充分的沟通
- 没能理解目标
- 没有做好计划
- 没有把时间花在重要的事情上
- 轻易放弃

如何开OKR会议？
- 一、会议开始前几天向全体员工征询意见
- 二、找一个人收集最受欢迎的建议
- 三、准备大致4.5个小时来开会
- 四、参与会议的人不宜过多
- 五、把员工最认同的目标写在便利贴上
- 六、通过投票把目标减少到3个
- 七、讨论、辩论、争论、投票、做决定
- 八、决定OKR里的目标
- 九、不要过多地批评和评价
- 十、一个就够

结语：最后建议
- 一、设置一个公司级别的OKR
- 二、给自己3个月时间
- 三、目标里不要有传统的绩效考核指标

《OKR工作法》

- **坡道**
  - 为什么很多公司总是在原地打转？
  - 阿塔兰忒的故事（希波墨涅斯）
  - 与KPI的对比 — OKR→ Objectives and Key Reasults

- **故事**
  - 汉娜和杰克创建Teabee茶叶公司
  - 矛盾
    - 供应商还是自建渠道？
    - 建设系统还是抓销售？
  - 导师 — 吉姆/投资人（知道OKR后没什么用）
  - 第一次诊断 — 5个目标X开会随意
  - OKR的4个象限
  - 啤酒派对
    - 工程师
    - 客服
    - 渠道（胜利会议）
    - 直销

- **如何设定OKR**
  - 关键
    - 激情
    - 担心
  - 步骤
    - 明确使命
    - 公司—部门—个人
    - 目标要聚焦
    - 自下而上
    - 关键结果（统一指标）
  - 原则
    - 鼓舞人心 — 数字目标并不会使人兴奋
    - 时间期限
    - 独立团队 — 授人以鱼不如授人以渔

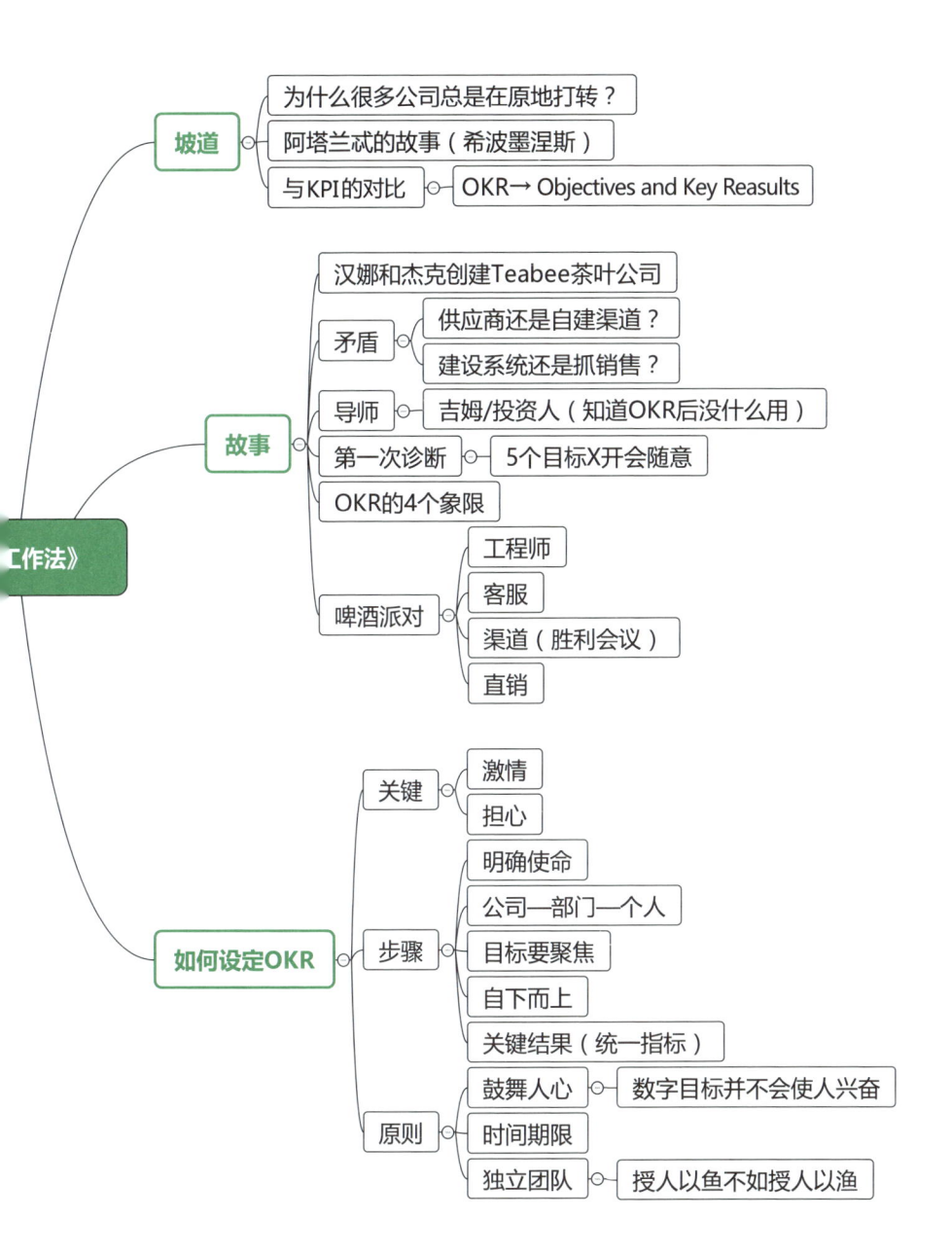

人物传记类

《列奥纳多·达·芬奇传》

《列奥纳多·达·芬奇传》思维导图手稿

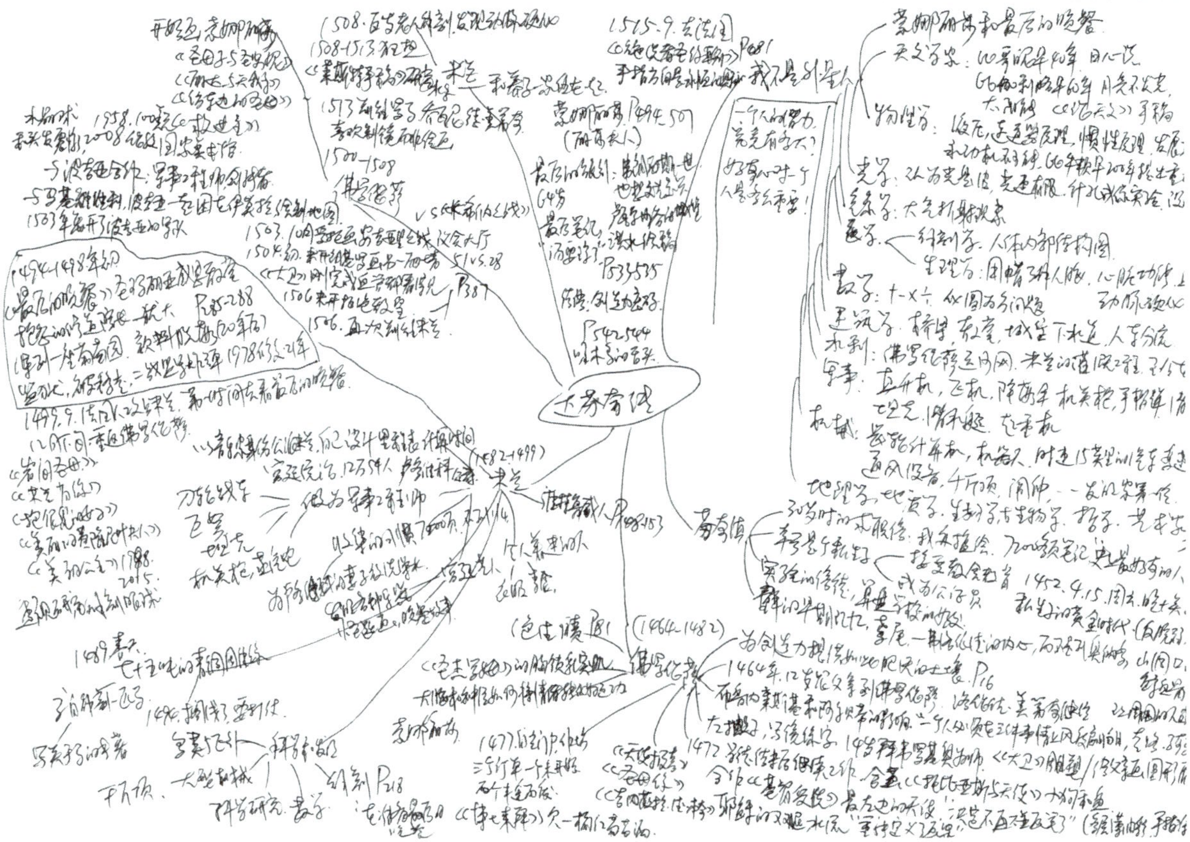

列奥纳多

法国时光（1516—1519）
晚年时光
- 在卢瓦尔河谷度过人生最后的时光
- 这期间的画《施洗者圣约翰》手指的方向成为永恒的谜团
- 画了很多洪水绘稿
- 《蒙娜丽莎》丽莎夫人的真实身份
- 最后的笔记，"汤要凉了" pp.533—535
- 达·芬奇的创造力密码 pp.542—544
- 解密啄木鸟的舌头

罗马时光（1513—1516）
乔瓦尼·德·美第奇当政
- 绘制了《都灵肖像》（1513），在这期间更喜欢制镜而非绘画
- 1516年受弗兰西斯一世邀请，动身离开罗马，去了法国

再回米兰（1506—1513）
当权者为法国国王路易十二
- 弗朗切斯科·梅尔奇成为列奥纳多养子，一直与这位养子住在一起
- 1508年前后绘制了第二幅《岩间圣母》，1509年开始绘制《施洗者圣约翰》
- 第二阶段的解剖学研究开始，深入了解了人体的肌肉、骨骼、嘴唇与微笑、心脏、血管、胚胎等，发现动脉硬化可以致死
- 1508年在一位百岁老人身上发现了动脉硬化的致死原因
- 1508—1513年，狂热研究水系并绘制了《莱斯特手稿》

重回佛罗伦萨（1500—1506）
1499年，法国大军入侵米兰，卢多维科公爵沦为阶下囚
- 开始画《蒙娜丽莎》，完成画作《圣母子与圣安妮》《丽达与天鹅》《纺车边的圣母》《救世主》等
- 1958年，《救世主》被拍卖，价格为100美元，但画作中的水晶球和头发震撼了很多专家，后经检测是达·芬奇真迹，被伦敦国家美术馆收藏
- 与波吉亚合作，成为其军事工程师，曾与波吉亚和马基亚维利一起被困于伊莫拉，还绘制了精美的伊莫拉地图
- 1503年10月，受邀在议会大厅的墙上画《安吉亚里之战》；1504年初，米开朗罗受邀画另一面墙，《大卫》刚完成后血管都看得见（p.387）
- 1506年开始拒绝教皇，然后再次前往米兰

移居米兰（1482—1499）
- 以音乐家身份公派米兰，自己设计里程表计算时间，宫廷统治，12.5万人，卢多维科公爵
- **军事工程师**
  - 刀轮战车，巨弩，坦克，机关枪，蒸汽炮
- **宫廷艺人**
  - 养成了收集的习惯，7 200多页笔记，为卢多维科公爵的夫人放洗澡水，发明各种乐器，怪诞画，脱口秀讲故事；1489年春天要铸造一个75吨重的青铜马，亲自解剖马；还写了一篇关于马的著作，1494年搁浅，要打仗
- **科学家、画家**
  - 鸟类与飞行，千斤顶，大型机械，科学研究，数学，解剖学——为了画《最后的晚餐》
  - 1494—1498年，《最后的晚餐》，圣玛丽亚感恩教堂，抱怨修道院的院长，再抱怨就把他画成犹大，画法创新，20年颜料开始脱落，这里曾被当过监狱，被二战的炮弹炸过，都幸免于难，1978年最近的一次大修复
  - 1499年9月，法国人攻陷米兰，第一时间去看《最后的晚餐》，达·芬奇于年底回到了佛罗伦萨
  - 此前还画了《岩间圣母》《抱银鼠的女子》《美丽的费隆妮叶夫人》，《美丽公主》于1988年、2015年被拍卖
  - 重视研究，解剖人的眼球

达·芬奇传

坡道：
★ 达·芬奇不是外星人，一个人的潜能究竟可以有多大，好奇心对于一个人来说有多重要

▶ 为尊重原著表述，且以不与达·芬奇家族的其他成员混淆，本书均用列奥纳多指代达·芬奇。

绘画：《蒙娜丽莎》《最后的晚餐》
天文学：比哥白尼早40年提出日心说，比伽利略早60年发现月亮不发光，太阳能的应用，《论天文》的手稿
物理学：液压的联动器装置，惯性原理，杠杆理论，杠杆的力矩，永动机永远不可能实现，比牛顿早200年提出重力的概念
光学：认为光是一种波，光速是有限的，设计了针孔成像实验，设计光学的仪器
气象学：大气折射现象
医学：解剖学，人体内部结构图；生理学，用蜡来了解人脑构造、心脏功能、血液循环，发现动脉硬化致死原理
数学：最早使用加减乘除符号，化圆为方问题
建筑学：桥梁，教堂，城堡，下水道，人车分流
水利：佛罗伦萨运河网、米兰灌溉工程，至今在用
军事：直升机，飞机，降落伞，机关炮，手榴弹，潜水艇，坦克，起重机，潜水装备
机械：齿轮计算机，机械齿，时速15英里的汽车，变速箱，通风设备，千斤顶，闹钟
在人类十大发明家当中，达·芬奇排名第一位，同时他在地质学、生物学、古生物学、哲学、绘画、音乐领域也颇有建树
啄木鸟的舌头？

芬奇镇时光（1452—1464）

- 30岁时的求职信：我亦擅绘，7 200多页笔记让他成为"最好奇的人"
- 幸亏是个私生子
  - 接受教会教育，1452年4月15日周六晚十点出生
  - 成为公证员，私生子的黄金时代
  - 实验的信徒，算盘学校的好处
  - 童年的早期记忆，鸢尾，反映弗洛伊德内心而不是列奥纳多，山洞口的恐惧，鲸鱼骨化石

佛罗伦萨（1464—1482）

- 为创造力提供如此肥沃的土壤（p16）
  - 1464年，12岁，随父亲来到佛罗伦萨，洛伦佐·美第奇统治
- 布鲁内莱斯基与阿尔贝蒂的影响
  - 一个人必须在三件事上风度翩翩——走路、骑马、言谈，让周围人感到美好
  - 左撇子，镜像体
- 14岁拜师韦罗基奥
  - 给父亲画圆形盾牌
  - 1472年学徒生涯结束后接续工作，合画《托比亚斯与天使》的小狗和鱼，合作《基督受洗》左边的天使，重新定义了画家，让师傅也不想碰画笔了（多层薄油彩，手指涂抹）
  - 《天使报喜》《圣母子与圣安妮》《吉内薇拉·德·本奇》
- 1477年自立门户成立作坊
  - 三个订单，一个未开始，两个半途而废
  - 《圣杰罗姆》中的胸锁乳突肌，大脑和神经如何将情绪转化为运动
  - 《博士来拜》欠了一桶红葡萄酒

《孔子传》

《孔子传》思维导图手稿

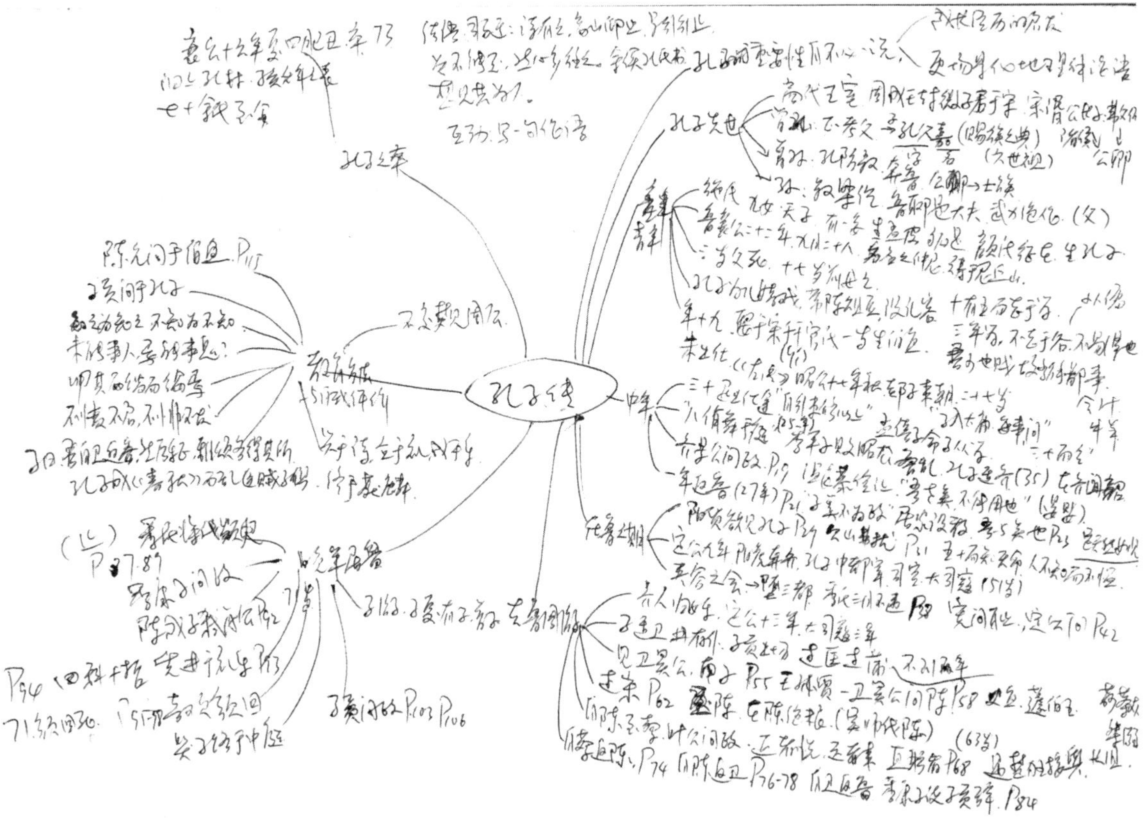

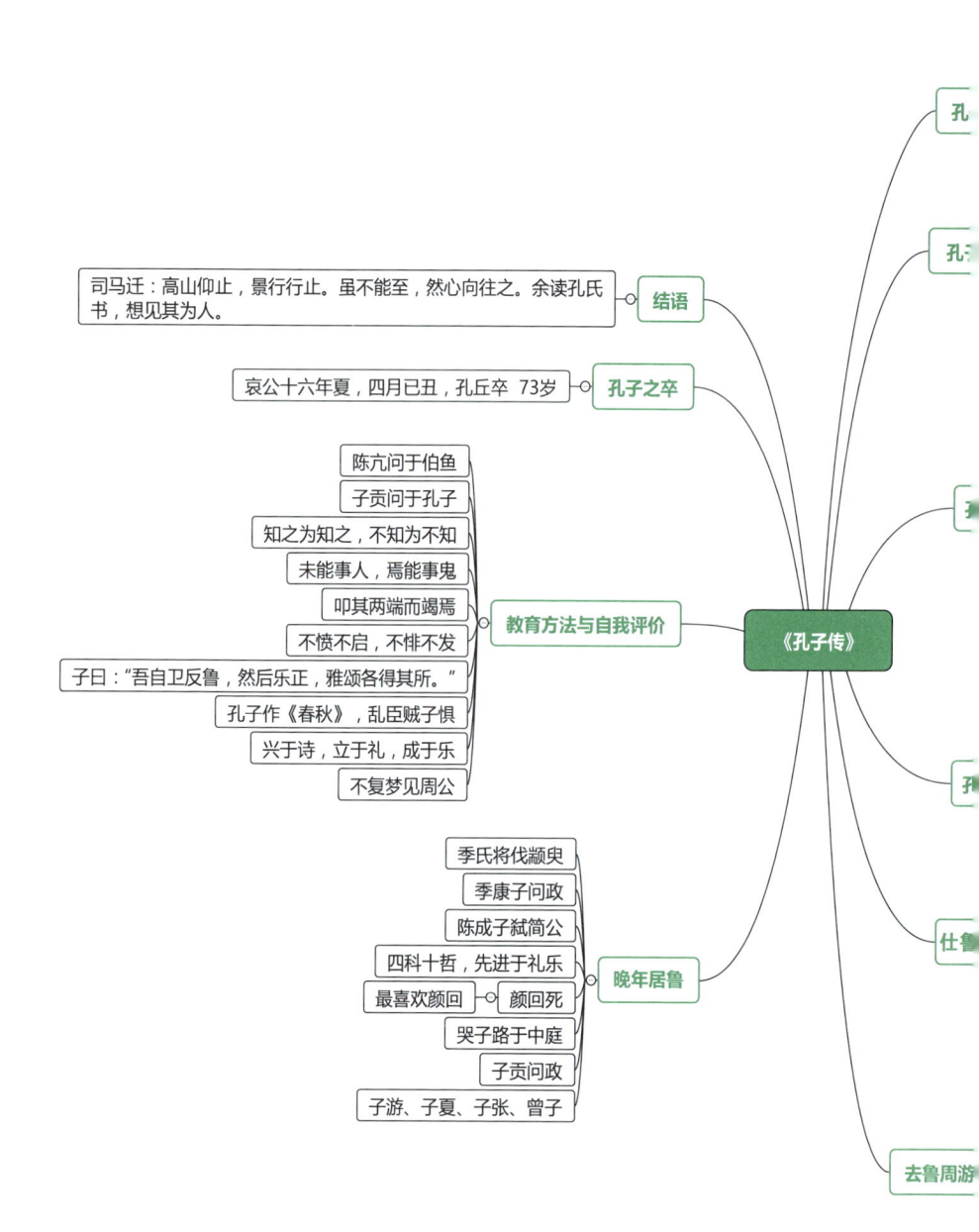

《孔子传》思维导图

结语
司马迁：高山仰止，景行行止。虽不能至，然心向往之。余读孔氏书，想见其为人。

孔子之卒
哀公十六年夏，四月已丑，孔丘卒 73岁

教育方法与自我评价
- 陈亢问于伯鱼
- 子贡问于孔子
- 知之为知之，不知为不知
- 未能事人，焉能事鬼
- 叩其两端而竭焉
- 不愤不启，不悱不发
- 子曰："吾自卫反鲁，然后乐正，雅颂各得其所。"
- 孔子作《春秋》，乱臣贼子惧
- 兴于诗，立于礼，成于乐
- 不复梦见周公

晚年居鲁
- 季氏将伐颛臾
- 季康子问政
- 陈成子弑简公
- 四科十哲，先进于礼乐
- 最喜欢颜回 — 颜回死
- 哭子路于中庭
- 子贡问政
- 子游、子夏、子张、曾子

去鲁周游

孔子生平思维导图

（的重要性自不必说）
- 成长经历的启发
- 更场景化地理解《论语》

先世
- 商代王室，周成王封微子于宋，宋湣公长子——弗父何 → 诸侯→公卿
- 弗父何曾孙正考父 → 正考父生孔父嘉（孔子六世祖）→ 赐族之典
- 孔父嘉曾孙孔防叔 → 奔鲁 → 公卿→士族
- 孔防叔之孙叔梁纥 → 鲁陬邑大夫，武力绝伦（孔子父）

（孔）子童年、青年
- 孔子之母 → 叔梁纥娶鲁之施氏，生九女，无子；有一妾，生孟皮，病足；颜氏征在，生孔子
- 鲁襄公二十二年，阳历9月28日 → 孔子名丘，字仲尼 → 父母祷于尼山而得生，故以为名
- 3岁父死，17岁母亡
- 孔子为儿嬉戏，常陈俎豆，设礼容
  - 十有五而至于学
  - 三年学，不志于谷，不易得也
  - 吾少也贱，故多能鄙事 → 会计、牛羊
- 年十九，娶于宋亓（qi）官氏，一岁生伯鱼 → 未入仕
- 《左传》昭公十七年秋，郯子来朝，孔子在场，故二十七岁已入仕
  - 入太庙，每事问
  - 三十而立

（孔）子中年
- 30岁退出仕途 → 自行束脩以上 → 孟僖子命子从学
- 八佾舞于庭 → 季平子败昭公 → 鲁乱，孔子适齐（35岁）→ 在齐闻韶
- 齐景公问政 → 温良恭俭让 → "吾老矣，不能用也"
- 一年返鲁（鲁昭公二十七年）→ "子奚不为政" → 居家设教，吾与奚也

（出仕）之期
- 阳货欲见孔子 → 公山弗扰
- 定公九年，阳虎奔齐 → 孔子中都宰为司空，由司空为大司寇（51岁）
- 夹谷之会 → 堕三都，季孙三月不违 → 宪问耻，定公问

（周游列国）
- 齐人归女乐，定公十三年，大司寇三年
- 子适卫，冉有仆 → 子贡出场 → 过匡过蒲 → 不到两年
- 见卫冕公，南子 → 王孙贾 → 卫灵公问陈 → 史鱼、蘧伯玉
- 过宋 → 至陈，在陈绝粮（吴师伐陈）
- 自陈至蔡，叶公问政，近者说，远者来 → 直躬者 → 楚狂接舆 → 长沮桀溺
- 自蔡返陈
- 自陈返卫
- 自卫返鲁 → 季康子使子贡辞

家庭亲子类

《父母的语言》

《父母的语言》思维导图手稿

《父母的语言》

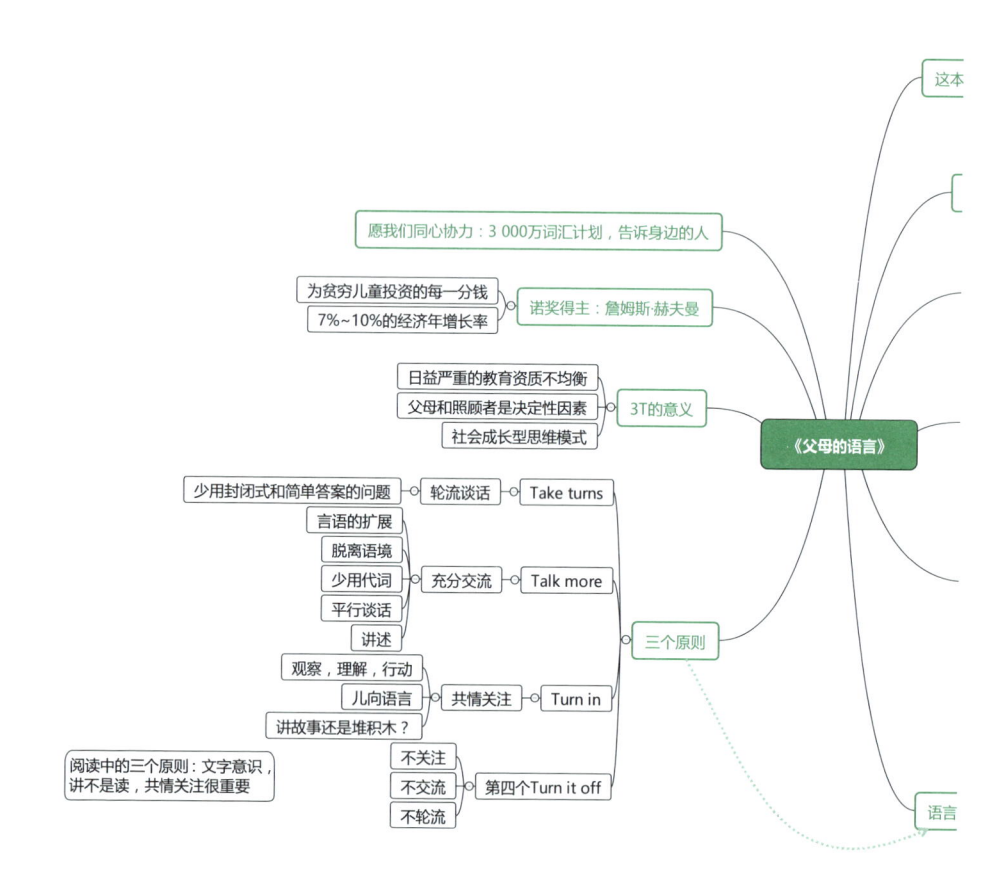

- 愿我们同心协力：3 000万词汇计划，告诉身边的人
- 诺奖得主：詹姆斯·赫夫曼
  - 为贫穷儿童投资的每一分钱
  - 7%~10%的经济年增长率
- 3T的意义
  - 日益严重的教育资质不均衡
  - 父母和照顾者是决定性因素
  - 社会成长型思维模式
- 三个原则
  - 轮流谈话 Take turns
    - 少用封闭式和简单答案的问题
  - 充分交流 Talk more
    - 言语的扩展
    - 脱离语境
    - 少用代词
    - 平行谈话
    - 讲述
  - 共情关注 Turn in
    - 观察，理解，行动
    - 儿向语言
    - 讲故事还是堆积木？
  - 第四个 Turn it off
    - 不关注
    - 不交流
    - 不轮流

阅读中的三个原则：文字意识，讲不是读，共情关注很重要

思维导图

- **书最打动我的是最后一章**
  - 我们的资源（父母的语言）
  - 阿图葛文德"思想的停滞"
  - 不可见的差异

- **差异有多大？**
  - 折页数字：3 000万单词
  - 儿童95%的词汇与父母一样
  - 9个月后学习差异已存在，三年级的读写水平决定大学

- **人工耳蜗的发现**
  - 扎克的听觉生日（18个月）
  - 米歇尔（7个月）

- **3 000万单词的发现**
  - 贝蒂·哈特和托德·里斯利
    - 认真收集数据
    - 做科学分析
  - 真正的差异：智商，词汇量，语言处理速度，学习能力，成功能力，潜力
  - 不仅是量的差别
    - 肯定词：鼓励
    - 禁忌词：否定

  p40

- **神经可塑性**
  - 早期语言环境的决定性影响
    - 孩子有压力激素
    - 神经元的快速连接
    - 面无表情实验：伤害认知能力、语言能力、行为能力、自我及情感控制能力
    - 建立连接和突触削减：阿卜杜拉20岁，穆罕默德9岁，婴儿白内障与视觉受体减弱

- **……的力量**
  - 数学
    - 女孩数学差？
    - 美国人vs中国人：幼儿园二年级1/4>1/3（学数学太晚）
    - 数字，空间
  - 思维模式：终身成长
  - 自控力：棉花糖实验
    - 命令型
    - 建议型
  - 善良，同情连结
    - 基于个人的移情
      - 说谎者
      - 帮助者
    - 基于行为的批评
    - 因果而非命令

时机决定一切！

口音问题，r，l，n，l，fl；电视不管用，扎克伯格10亿用户，11个用户

《热锅上的家庭》

《热锅上的家庭》思维导图手稿

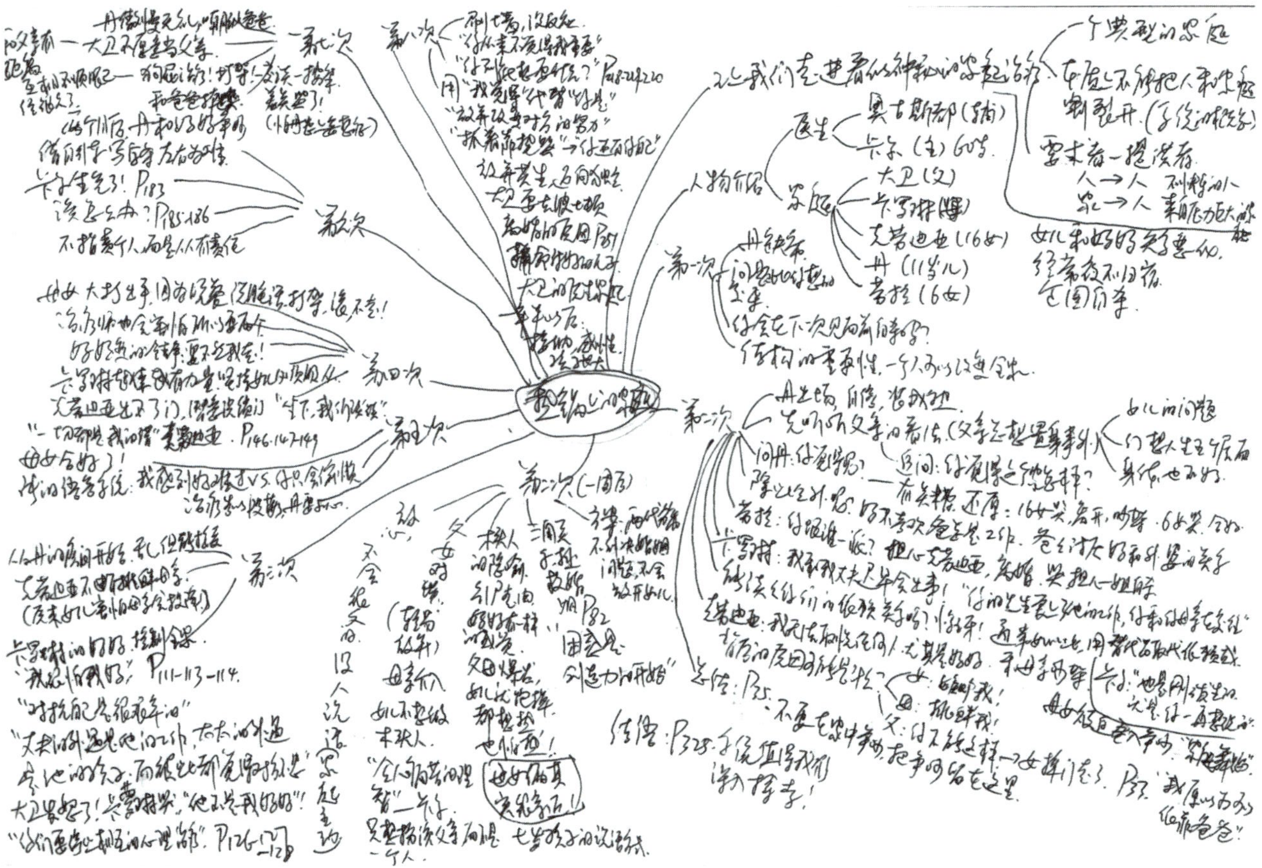

《热锅上的家庭》

- 结语：系统值得我们深入探索（p235）
- 让我们走进看似神秘的家庭治疗

人物介绍
- 医生
- 家庭

第一次
- 丹缺席
- 问题比你...
- 你会在下...
- 结构的重...

第二次
- 丹出场
- 先听听父...
- 追问：...
- 问丹：你...
- 除此之外...
- 劳拉
- 卡罗琳
- 能谈谈你...
- 克劳迪娅
- 背后的原...
- 总结：不...

第二次（一周后）
- 放心
- 父女
- 木头
- 三角
- 方案

第三次
- 从丹的房间开始，乱，但能接受
- 克劳迪娅不断挑衅母亲
  （原来女儿害怕母亲会投降）
- 卡罗琳的妈妈，控制全家
  "我很怕我妈"
  "对抗自己是很艰辛的" p111、p113、p114
  "丈夫的外遇是他的工作，妻子的外遇是她的孩子，而彼此都觉得对方不忠"
  大卫发怒了！卡罗琳哭，"她不是我妈妈"
  "你们要停止相互的心理治疗" p126、p127、p128

第四次
- 母女大打出手，因为晚餐，说脏话，打架，滚，不走
- 治疗师也会害怕，所以要两个
- 妈妈变得冷静：要不然我走！
- 卡罗琳越来越有力量，坚持认为女儿必须服从
- 克劳迪娅出不了门，潜意识锁门
  "坐下，我们谈谈"
  "一切都是我的错" 克劳迪娅p146、p147、p149

第五次
- 母女合好了！
- 新的语言系统：我好难过vs你只会偷懒
- 治疗告一段落了，丹要小心

第六次
- 两个月后，丹和妈妈争吵
- 借自行车，写字条，左右为难
- 卡尔生气了！p183
- 该怎么办？pp.185—186
- 不指责个人，而是人人有责

第七次
- 丹傲慢无礼，嘲讽爸爸
- 和父亲有距离——大卫不愿意当父亲
- 互相不顺眼已经很久了——狗屁治疗！打架——交谈——按摩
  差点哭了
  （怕丹得妄想症）
- 和爸爸摔跤

第八次
- 刷墙，没反应
- "你从来不觉得我重要"
- "你到底想要什么？" p128、p129、p220
- 用"我觉得"代替"你是"
- "放弃改变对方的努力"
- "抓着靠垫哭" → "你还有你自己"
- 放弃共生，迈向独立
- 大卫要去波士顿
- 离婚的原因p251
- 拼命讨好的儿子
- 大卫的原生家庭
- 一年半以后：接纳，感性，孩子长大

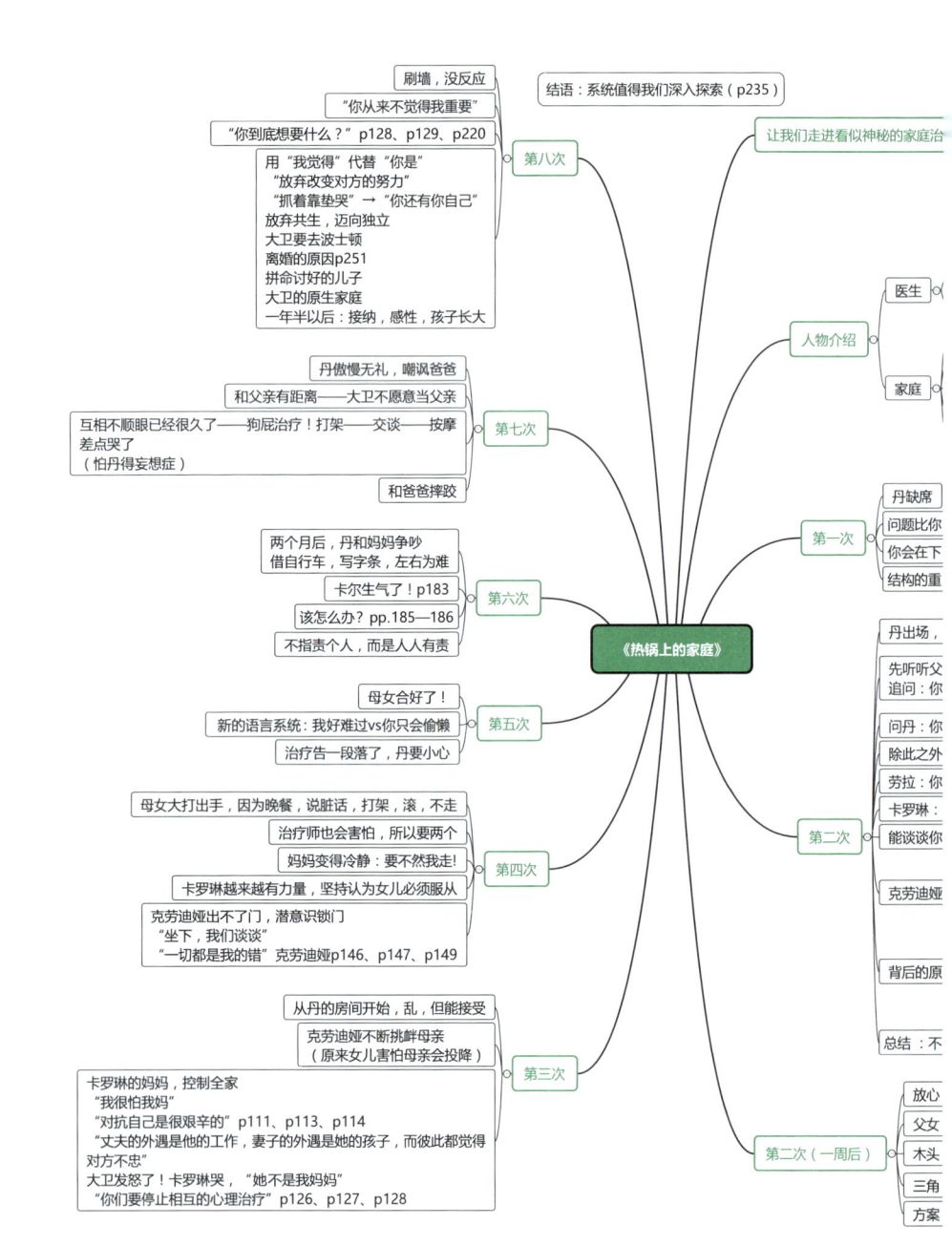

- 一个典型的家庭
- 本质上不能把人和家庭割裂开（系统的概念）
- 要求者—提供者
  人→人：不快乐的人
  家→人：来自压力巨大的家庭
- 女儿和妈妈关系恶化
  经常夜不归宿
  企图自杀

- 奥古斯都（辅）
- 卡尔（主）60岁
- 大卫（父）
- 卡罗琳（母）
- 克劳迪娅（16岁女）
- 丹（11岁儿）
- 劳拉（6岁女）

想得复杂

次见面前自杀吗？

要性，一个人可以改变全家

自信，装成熟

亲的看法（父亲总想置身事外） —— 女儿的问题：
觉得这个家怎么样？   幻想人生五个层面
                                 身体也不好

觉得呢？—— 不好的方面，还原：女哭，离开，吵架

呢？—— 不喜欢爸爸总是工作，爸爸讨厌妈妈和外婆的关系

跟谁一派？—— 担心克劳迪娅，离婚，哭，担心姐姐自杀

我和我丈夫迟早会出事！ "你的丈夫爱上了他的工作，你和你母亲在交往"

们的依赖关系吗？—— 惊讶！通常如此，用替代品取代依赖感

：我无法取悦任何人，尤其是妈妈 —— 和母亲吵架
                                      卡尔："也许刚刚发生的，就是你一再想说的"
                                      母女被迫卷入争吵，"家庭舞蹈"

因可能是什么？—— 女：嫉妒我！
                    母：挑衅我！
                    父：你不能这样！→女摔门走了。"我原以为可以依靠爸爸"（p33）

要在家中争吵，把争吵留在这里（p35）

，不会很久的 —— 没人说话 —— 家庭主动

对谈（轻易放弃）—— 母亲介入 —— 女儿不想做木头人 —— "令人痛苦的理智"，卡尔，"只想扮演父亲，而不是一个人"

人的隐喻，行尸走肉 —— 妈妈有一样的感觉 —— 父母爆发，女儿就跑掉 —— 都想热，也怕热！—— 母女俩其实很亲近 —— 七岁孩子的说话方式

关系拯救婚姻（p82） —— "困惑是创造力的开始"

：两代分离 —— 不解决婚姻问题，不会放开女儿

科学文化类

《世界观》

《世界观》思维导图手稿

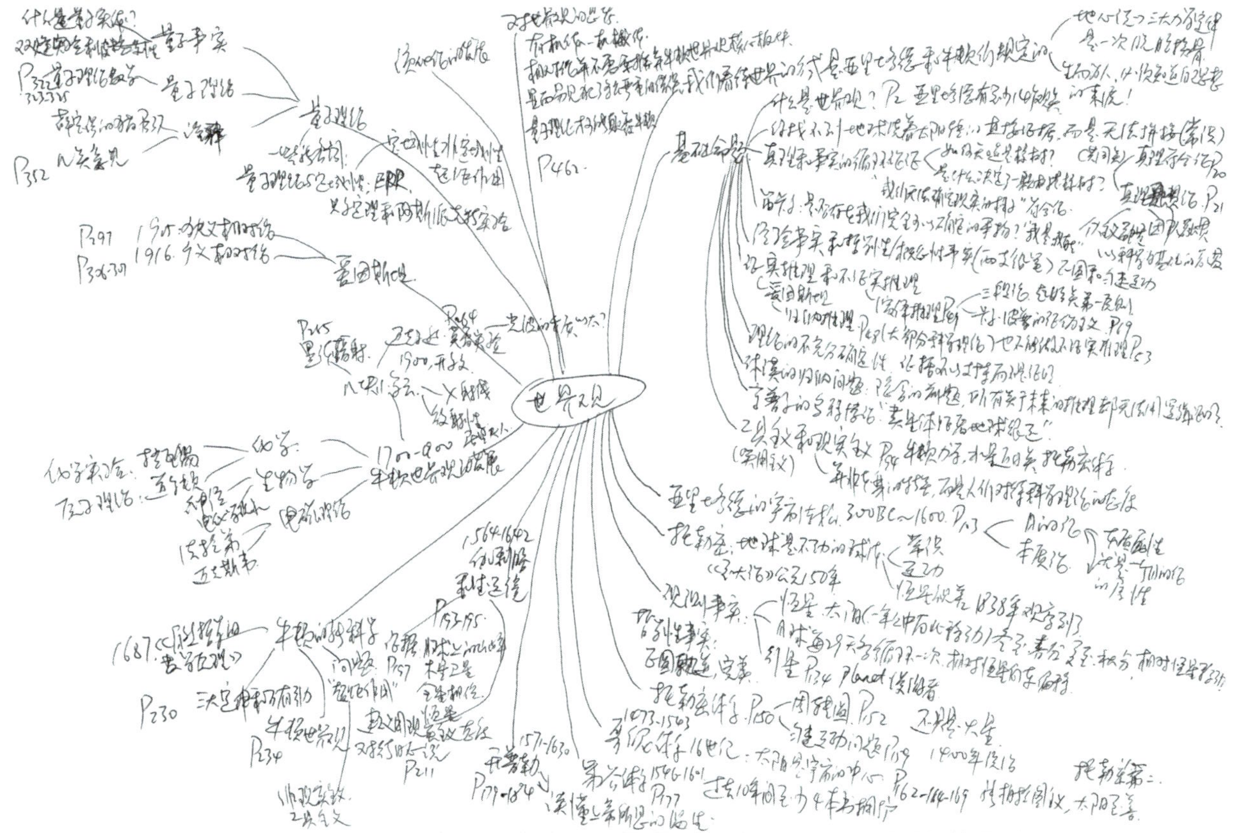

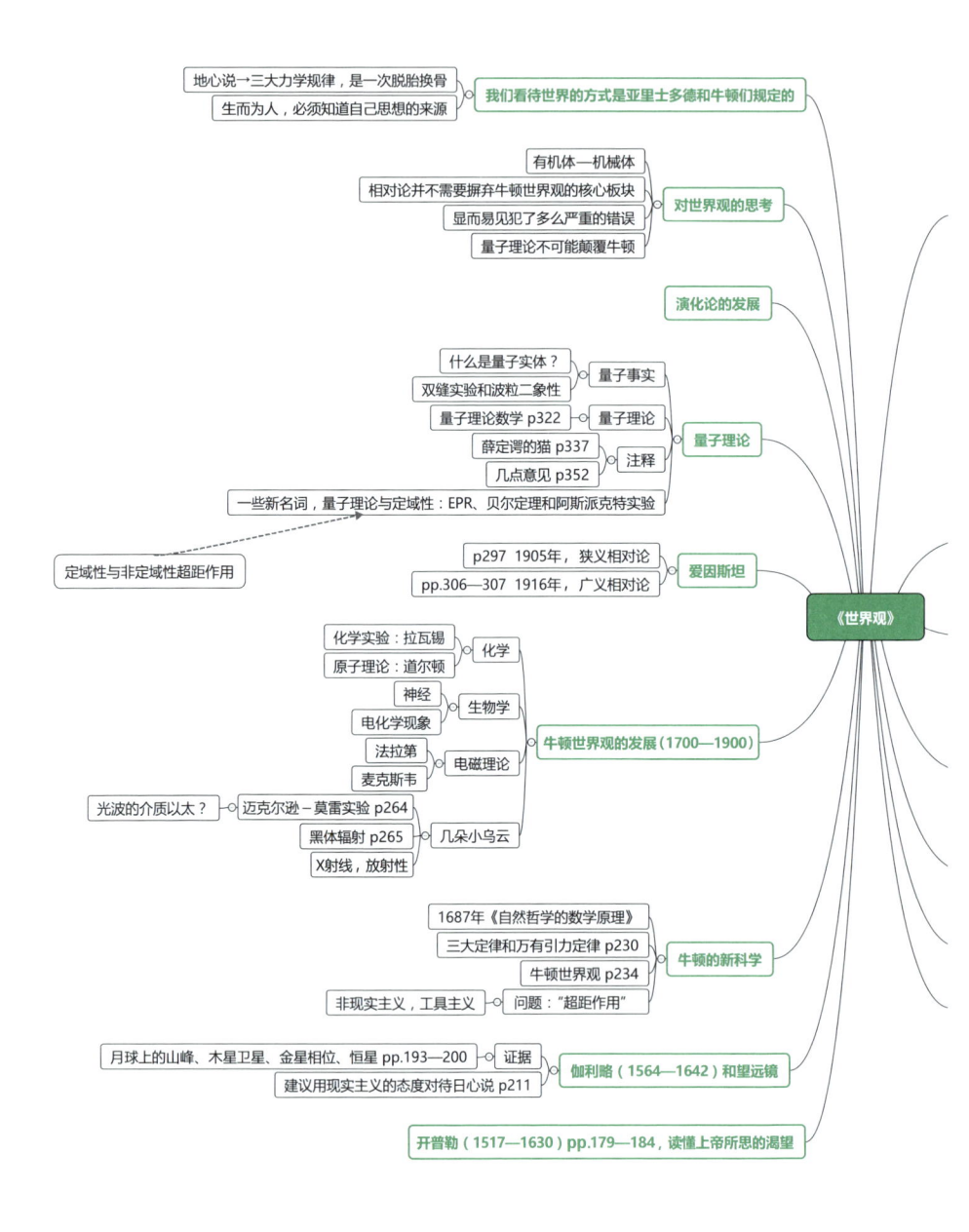

《世界观》思维导图

- **我们看待世界的方式是亚里士多德和牛顿们规定的**
  - 地心说→三大力学规律，是一次脱胎换骨
  - 生而为人，必须知道自己思想的来源

- **对世界观的思考**
  - 有机体—机械体
  - 相对论并不需要摒弃牛顿世界观的核心板块
  - 显而易见犯了多么严重的错误
  - 量子理论不可能颠覆牛顿

- **演化论的发展**

- **量子理论**
  - 量子事实
    - 什么是量子实体？
    - 双缝实验和波粒二象性
  - 量子理论
    - 量子理论数学 p322
  - 注释
    - 薛定谔的猫 p337
    - 几点意见 p352
  - 一些新名词，量子理论与定域性：EPR、贝尔定理和阿斯派克特实验
    - 定域性与非定域性超距作用

- **爱因斯坦**
  - p297 1905年，狭义相对论
  - pp.306—307 1916年，广义相对论

- **牛顿世界观的发展（1700—1900）**
  - 化学
    - 化学实验：拉瓦锡
    - 原子理论：道尔顿
  - 生物学
    - 神经
    - 电化学现象
  - 电磁理论
    - 法拉第
    - 麦克斯韦
  - 几朵小乌云
    - 迈克尔逊－莫雷实验 p264（光波的介质以太？）
    - 黑体辐射 p265
    - X射线，放射性

- **牛顿的新科学**
  - 1687年《自然哲学的数学原理》
  - 三大定律和万有引力定律 p230
  - 牛顿世界观 p234
  - 问题："超距作用"
    - 非现实主义，工具主义

- **伽利略（1564—1642）和望远镜**
  - 证据
    - 月球上的山峰、木星卫星、金星相位、恒星 pp.193—200
  - 建议用现实主义的态度对待日心说 p211

- **开普勒（1517—1630）pp.179—184，读懂上帝所思的渴望**

基础命题

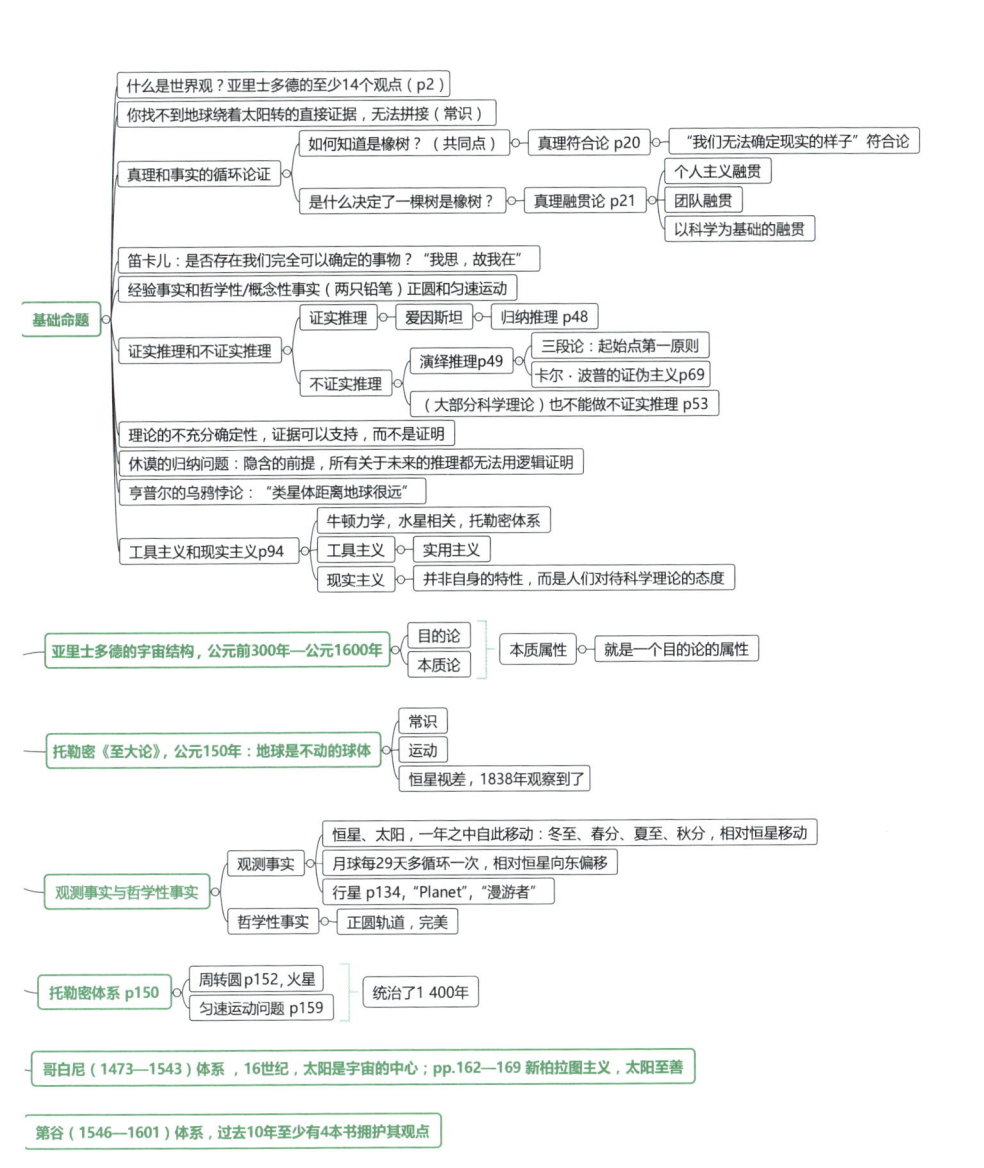

- 什么是世界观？亚里士多德的至少14个观点（p2）
- 你找不到地球绕着太阳转的直接证据，无法拼接（常识）
- 真理和事实的循环论证
  - 如何知道是橡树？（共同点） — 真理符合论 p20 — "我们无法确定现实的样子"符合论
  - 是什么决定了一棵树是橡树？ — 真理融贯论 p21
    - 个人主义融贯
    - 团队融贯
    - 以科学为基础的融贯
- 笛卡儿：是否存在我们完全可以确定的事物？"我思，故我在"
- 经验事实和哲学性/概念性事实（两只铅笔）正圆和匀速运动
- 证实推理和不证实推理
  - 证实推理 — 爱因斯坦 — 归纳推理 p48
  - 不证实推理
    - 演绎推理 p49 — 三段论：起始点第一原则
    - 卡尔·波普的证伪主义 p69
    - （大部分科学理论）也不能做不证实推理 p53
- 理论的不充分确定性，证据可以支持，而不是证明
- 休谟的归纳问题：隐含的前提，所有关于未来的推理都无法用逻辑证明
- 亨普尔的乌鸦悖论："类星体距离地球很远"
- 工具主义和现实主义 p94
  - 牛顿力学，水星相关，托勒密体系
  - 工具主义 — 实用主义
  - 现实主义 — 并非自身的特性，而是人们对待科学理论的态度

亚里士多德的宇宙结构，公元前300年—公元1600年
- 目的论
- 本质论 — 本质属性 — 就是一个目的论的属性

托勒密《至大论》，公元150年：地球是不动的球体
- 常识
- 运动
- 恒星视差，1838年观察到了

观测事实与哲学性事实
- 观测事实
  - 恒星、太阳，一年之中自此移动：冬至、春分、夏至、秋分，相对恒星移动
  - 月球每29天循环一次，相对恒星向东偏移
  - 行星 p134, "Planet", "漫游者"
- 哲学性事实
  - 正圆轨道，完美

托勒密体系 p150
- 周转圆 p152，火星
- 匀速运动问题 p159
- 统治了1400年

哥白尼（1473—1543）体系，16世纪，太阳是宇宙的中心；pp.162—169 新柏拉图主义，太阳至善

第谷（1546—1601）体系，过去10年至少有4本书拥护其观点

《我们如何走到今天》

《我们如何走到今天》思维导图手稿

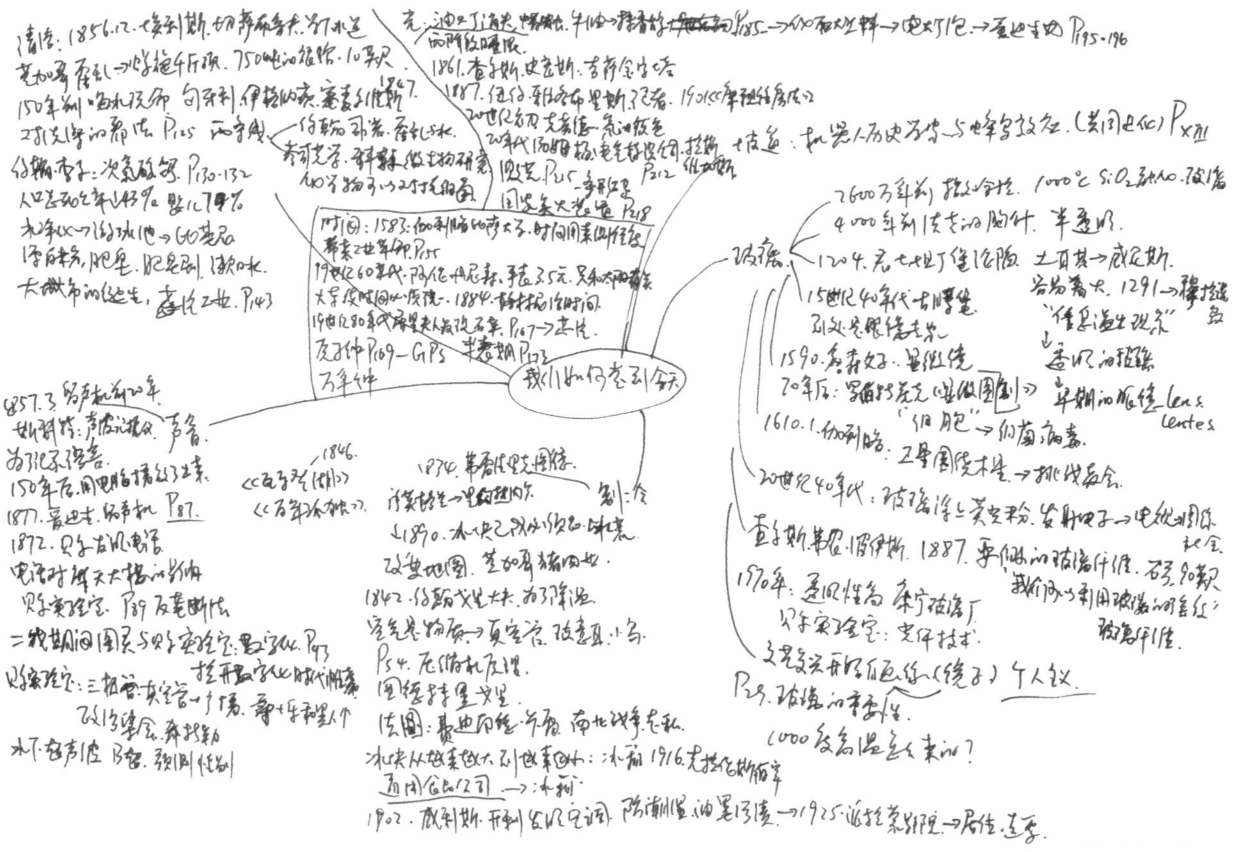

声音

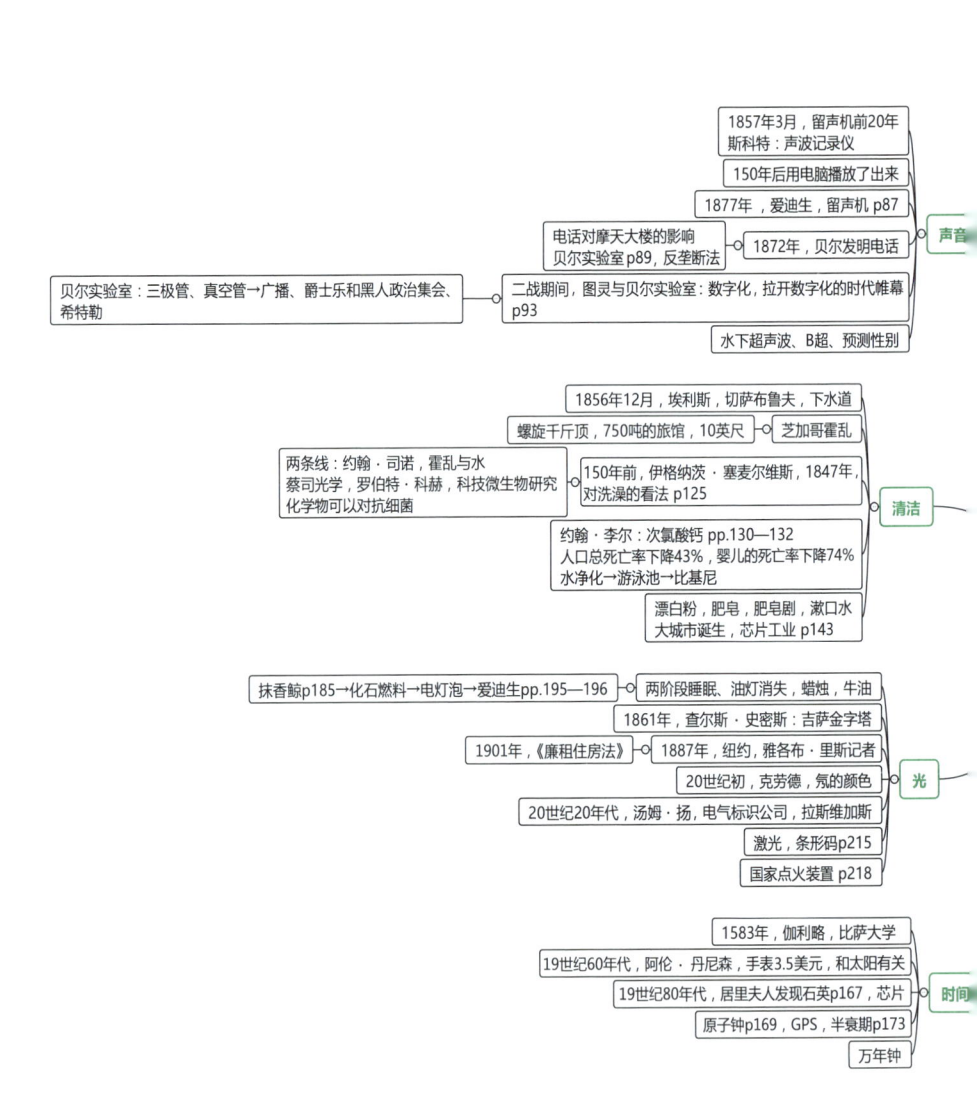

- 1857年3月，留声机前20年 斯科特：声波记录仪
- 150年后用电脑播放了出来
- 1877年，爱迪生，留声机 p87
- 1872年，贝尔发明电话
- 电话对摩天大楼的影响 贝尔实验室 p89，反垄断法
- 二战期间，图灵与贝尔实验室：数字化，拉开数字化的时代帷幕 p93
- 水下超声波、B超、预测性别

贝尔实验室：三极管、真空管→广播、爵士乐和黑人政治集会、希特勒

清洁

- 1856年12月，埃利斯，切萨布鲁夫，下水道
- 螺旋千斤顶，750吨的旅馆，10英尺 —— 芝加哥霍乱
- 150年前，伊格纳茨·塞麦尔维斯，1847年，对洗澡的看法 p125

两条线：约翰·司诺，霍乱与水
蔡司光学，罗伯特·科赫，科技微生物研究
化学物可以对抗细菌

- 约翰·李尔：次氯酸钙 pp.130—132
  人口总死亡率下降43%，婴儿的死亡率下降74%
  水净化→游泳池→比基尼
- 漂白粉，肥皂，肥皂剧，漱口水
  大城市诞生，芯片工业 p143

光

- 抹香鲸p185→化石燃料→电灯泡→爱迪生pp.195—196
- 两阶段睡眠、油灯消失、蜡烛、牛油
- 1861年，查尔斯·史密斯：吉萨金字塔
- 1901年，《廉租住房法》
- 1887年，纽约，雅各布·里斯记者
- 20世纪初，克劳德，氖的颜色
- 20世纪20年代，汤姆·扬，电气标识公司，拉斯维加斯
- 激光，条形码p215
- 国家点火装置 p218

时间

- 1583年，伽利略，比萨大学
- 19世纪60年代，阿伦·丹尼森，手表3.5美元，和太阳有关
- 19世纪80年代，居里夫人发现石英p167，芯片
- 原子钟p169，GPS，半衰期p173
- 万年钟

《我们如何走到今天》

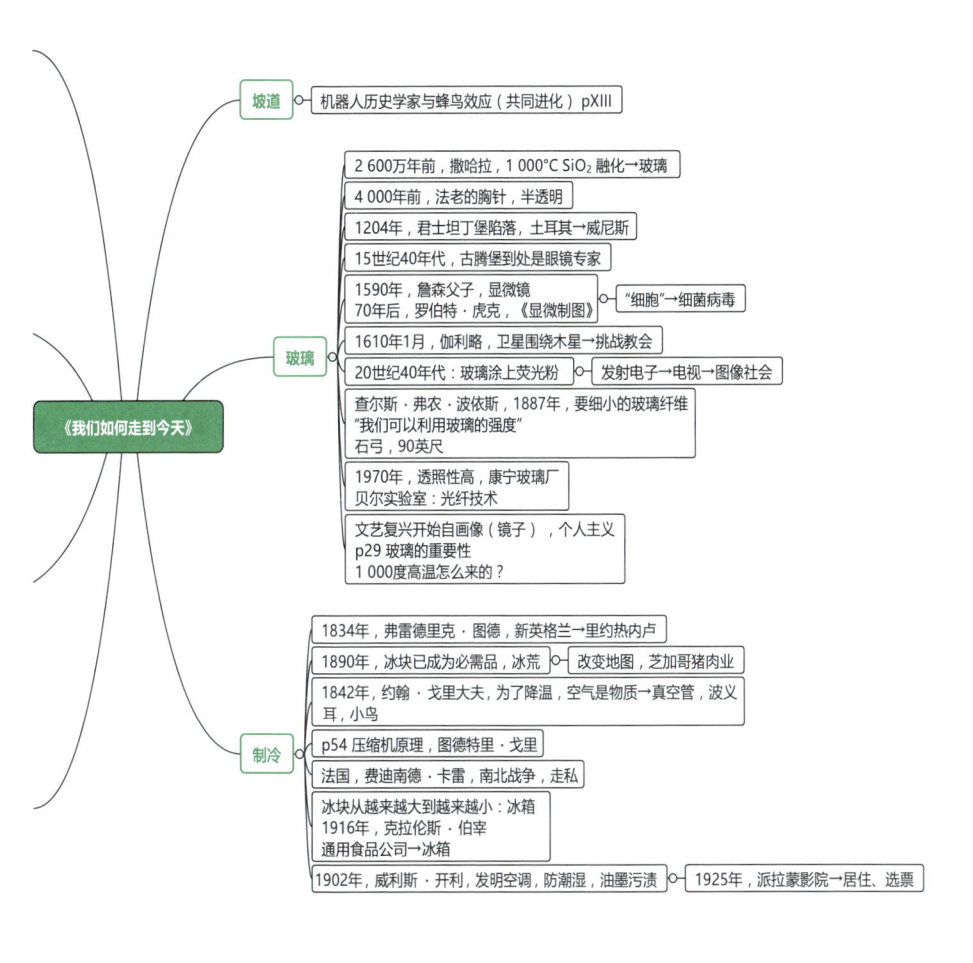

- **坡道** — 机器人历史学家与蜂鸟效应（共同进化）pXIII

- **玻璃**
  - 2 600万年前，撒哈拉，1 000°C SiO$_2$ 融化→玻璃
  - 4 000年前，法老的胸针，半透明
  - 1204年，君士坦丁堡陷落，土耳其→威尼斯
  - 15世纪40年代，古腾堡到处是眼镜专家
  - 1590年，詹森父子，显微镜
    70年后，罗伯特·虎克，《显微制图》 → "细胞"→细菌病毒
  - 1610年1月，伽利略，卫星围绕木星→挑战教会
  - 20世纪40年代：玻璃涂上荧光粉 → 发射电子→电视→图像社会
  - 查尔斯·弗农·波依斯，1887年，要细小的玻璃纤维
    "我们可以利用玻璃的强度"
    石弓，90英尺
  - 1970，透照性高，康宁玻璃厂
    贝尔实验室：光纤技术
  - 文艺复兴开始自画像（镜子），个人主义
    p29 玻璃的重要性
    1 000度高温怎么来的？

- **制冷**
  - 1834年，弗雷德里克·图德，新英格兰→里约热内卢
  - 1890年，冰块已成为必需品，冰荒 → 改变地图，芝加哥猪肉业
  - 1842年，约翰·戈里大夫，为了降温，空气是物质→真空管，波义耳，小鸟
  - p54 压缩机原理，图德特里·戈里
  - 法国，费迪南德·卡雷，南北战争，走私
  - 冰块从越来越大到越来越小：冰箱
    1916年，克拉伦斯·伯宰
    通用食品公司→冰箱
  - 1902年，威利斯·开利，发明空调，防潮湿，油墨污渍 → 1925年，派拉蒙影院→居住、选票

后记　给未来讲书人的一封信

你准备好做个解密者了吗

当你想要成为一名讲书人时,我希望你不是因为看到有人通过这件事赚到了钱。因为你未来能获得的,远超金钱。

塔勒布在《反脆弱》一书中说,读书是最反脆弱的学习方式。一开始我还不太理解:难道大学里的课程设计、学分体系真的都像他说的那么没用吗?

后来,随着学习复杂科学理论及参考众多"大神"的成长经历,我越来越相信他的判断。学习的最终目的是内化,让知识和自己融为一体。任何所谓的框架都只是建立在对学习者的臆测之上。

学习者之间的差别是一个复杂的体系。只有学习者自己最有可能知道自己渴望知道的和已经知道的。在求知的过程中所产生的任何摩擦和痛苦都是有价值的。这时候，只有一本本的好书，能构成一阶阶歪七扭八的楼梯，让一个人快速走着"弯路"成长。孔子、老子、释迦牟尼的修养不是靠着外在的体系训练出来的。牛顿、爱因斯坦、霍金也不是被逼迫成为科学家的。甚至史蒂夫·乔布斯和埃隆·马斯克，也并不是某种体系的执行者。相反，他们都是某种体系的缔造者。

所以，重要的一点是，重拾书本，就是重新接受教育。这所学校最慈悲、最平等、最廉价。不需要学区房，不需要找关系，更不需要一对一的天价课时费。一本再高贵的书，往往都是以它的纸张而不是以它的价值来定价的。这是留给每一个人的救赎机会。你错过了著名小学，不要紧；你错过了重点中学，没关系；你因这辈子没有上大学而感到遗憾，没关系。只要你依然有坚持读书的习惯。这家永不打烊的学校，只需要几十块钱就可以入学，永远向所有人敞开大门。读书，可以比上学更有效！

但是，很多人会选择上学而不是读书。也许人们相信一分价钱一分货，这么有效的一本书只卖几十块钱，不可靠。还是去买个36万元一平方米的天价学区房吧！到最后，孩子就算变成了一个模子里的产品，家长也可以说：

"至少我尽力了!"

更重要的是,书籍是有个性的,文字是有门槛的。一本有价值的名著对一个看不懂的人来说与辍学无异。所以,柏拉图和苏格拉底害怕文字会戕害真理,因为文字真的高傲、冷漠,像密码——想要引起共鸣,意解心开,需要有能解开密码的人。小孩子是最懂这个道理的。你见过哪个小学生是靠自己读数学书学习的?他们一定要听一位解密者讲解这些书,才能一步步具备解密的能力。

这个了不起的解密者就是老师。孔子说:"温故而知新,可以为师矣!"我们说:"能够读懂一本书,还可以(愿意)讲出来,就算是老师了!"所以,当你选择像我一样成为一名讲书人的时候,你其实是选择了成为一名解密者,成为一名帮助别人成长的老师。肩上的担子很重,心中的热情很高,脚下的道路很长。任重而道远,不亦乐乎?

老师们总是高估自己对学生的影响。如果你非要完全读懂一本书,自己理解没有瑕疵之后,才敢讲给别人听,那就干脆别讲了。这个世界没有什么理解是不可以辩论的。教师的作用不是不犯错,而是让学生知道即便犯错,也不能停止求知。你能通过自己的讲解,让一个人爱上一本书或对一个话题产生兴趣,剩下的事,就交给他(她)自己吧。你的体系是只有你自己能爬上去的歪七扭八的脚手架,而学生们的未来,也只能走在他们自己搭建的脚手架上。

放轻松,用你的热情和智慧,去理解一本书,讲解一本书。认知会有层次的差别,教育的初心却没有差别。当然,这也不意味着你可以为所欲为地讲各种怪力乱神。讲书人自己的不断反思和学习,是这个"游戏"最有趣的一部分。只要你相信阅读的力量,相信知识的浩瀚无涯,你的成长也会不可思议。

想想未来,有一个职业叫作讲书人。听起来好像是明清时期的江湖艺人,但他们不讲评书,不说相声,更不表演胸口碎大石。他们挑选书籍,传播知识,使得人和人之间讨论最多的是有趣有用的知识和美好共通的价值,让各种各样的知识进入千家万户,武装每个人的头脑……求知的渴望必将引领我们共同进步,每个人都可以打造属于自己的进步阶梯!